EUROPÄISCH

DENKEN

Von der Exzellenz Europas

INHALT

1. WAS MACHEN WIR EUROPÄER AUS EUROPA?

Wollen wir die Siege der Unvernunft? Europa muss früher einschreiten, wenn Gefahr droht. Richtungsweisende Wahlen entscheiden darüber, wie Europa in der jeweils nächsten Zukunft aussehen wird. Seine Bürger/innen dürfen die Wahlen nicht am eigenen Desinteresse abtropfen lassen. Niemand auf dem Kontinent darf denken, auf ihn komme es nicht an. Eine defensive Gesinnung ist nicht angebracht. Wenn einmal Extremismen die Strukturen durchdrungen haben, ist die institutionelle Ohnmacht nicht mehr abzuwenden. Sturm und Absturz stünden

bedrohlich wie so oft in der Geschichte ins Haus.
Vor den Europawahlen 2019 schwankt das
europäische Boot gewaltig.

Warum taucht ab und zu das Gefühl auf, der
Boden würde dahinschwinden? Wie will man das
Schwanken kompensieren? Die Auffassungen
zwischen den Völkern im Norden und im Süden,
zwischen dem Westen und dem Osten des
Kontinents werden hin und her gerissen. Sie alle
wollen offensichtlich der Union zugehören, aber
sie wählen zum Teil Regierungen, die dies
konterkarieren. Das schafft schizophrene
Situationen. Bei manchen Regierungen macht sich
die fatale Absurdität des Nationalismus breit. Wird

man sich auf das Minimum eines gemeinsamen Vorgehens nicht einigen, wird wohl das Modell des Europas der unterschiedlichen Geschwindigkeiten angewandt werden. Es ist nicht primär erwünscht, doch sollte man auch dann nicht den Teufel an die Wand malen. Alles geht, wenn man es durchdacht organisiert. Dann ist eben noch mehr Flexibilität angesagt.

Wie verhalten wir uns, wir Europäer? Wir sind für diesen Kontinent, für seine Gestaltung verantwortlich. Für viele ist er Wiege, für viele ist er Lebensraum. Was ist Europa, was kann Europa und was sind seine Perspektiven? - dies wurde in einem ersten Tour d'Horizon in „Management der Politik - Von der möglichen Exzellenz Europas"[1] ausgeleuchtet. Nun geht es um die Schlussfolgerungen daraus. Europa schaut auf sich selbst - endlich. Auch die anderen in der Welt zeigen sich als interessierte Beobachter. Viel wird von den Entscheidungsträgern auf dem politischen Parkett abhängen. Bei ihnen liegt der

[1] *„Management der Politik – Europa. Von der möglichen Exzellenz Europas" Novum Verlag, 2018, ISBN 978-3-99010-852-9.*

Schlüssel zur strategischen Fortentwicklung. Sie haben die Modelle für die Realisierung vielversprechender Visionen auszuwählen und zu realisieren.

Was wird Wirkung zeigen? Welche Gegenwirkungen wird Europa auf dem Weg zur Zukunft zurückwerfen? Welche Planungen sind schon im Gange? Auf die Einstellung wird es ankommen, auf die der politischen Macher, aber auch auf die der Völker. Denn sie sind es, die das „Konzept Europa" mit Leben erfüllen. Die Europäische Union soll topfit durchstarten können. In die Strukturen der europäischen Regionen muss

Bewegung kommen. Politiker, Manager, Unternehmer, Wissenschaftler sind gleichermaßen angesprochen.

Bei den Entscheidungsträgern selbst sind bestimmte Fähigkeiten und Fertigkeiten gefragt, um die Reifung Europas pflegen zu können. Eine gehörige Portion Geschicklichkeit wird dann hoffentlich zum gewünschten Output führen.

Viel Kreativität wird beim Abwägen der Optionen zu mobilisieren sein. Europäische Politiker werden sich von Erduldern zu Akteuren der Politik wandeln müssen. Sind sie einmal im Modus von

Machern, wird ihre Aufgabe darin bestehen, Europa bestmöglich zu gestalten. Da drängt sich die Unterscheidung in Sach- und Machtfragen auf. Es wird wichtig sein, Gruppierungen und Personen zu wählen, von denen wir annehmen, dass sie für das Wohl unseres Kontinents einstehen. Ihr Hintergrundwissen muss vielfältig und ergiebig sein. Die Wähler werden dann eruieren, wo die Potenziale liegen; es ist eine Holschuld. Sie haben sich zu informieren, was das Beste für sie ist. Sachkompetenz ist ungemein wichtig, sie wird aber nicht der alleinige Erfolgsfaktor sein. Es gibt so viele negative Einflüsse rundum wie Verbohrtheit, Desinformation, Fanatismus. Diese gilt es in den Griff zu bekommen. Dazu bedarf es der Führungskräfte, die mit Charisma an die Visionen herangehen und die gewillt sind, sie umzusetzen. Qualifizierte Teams von Entscheidungsträgern werden an der Überzeugungsarbeit für ein progressives Europa intensiv zu feilen haben. Jede Gesellschaft braucht Autoritäten, um sich zu erhalten und zu entwickeln.

Schlecht ist, wenn Angst umgeht. Warum sollte man vor der Europäischen Union Angst haben? - eine völlig irrationale Vorstellung. Verschwörungstheorien tragen das Ihrige zur Verunsicherung bei. Wer verängstigt ist, reagiert unvernünftig. Europa ist auf gekonnte Leadership angewiesen.

Da geht es nicht allein um gewonnene Wahlen.

Europa braucht keine sich selbst überschätzenden

Partei-Politiker. Kompetenz sticht durch

persönliche Vorzüge und durch das rationale

Know-How im supranationalen Geschäft hervor.

Charismatische Manager haben Visionen. Sie

müssen die zukünftigen Dimensionen verstehen.

Wer Charisma ausstrahlt wird sich charmant,

vielleicht schelmisch durchsetzen können.

Im Gegenzug werden es die Rückständigen, die in

der nationalen Asche zurückgeblieben sind,

denen, die nach vorne drängen, nicht leicht

machen. Sicherheit, Wohlstand, Gesundheit und

Arbeitsplätze sind die praktischen und gleichzeitig

zukunftsbetonten Fragestellungen, denen sich die Europa-Politiker zu widmen haben. Experten von Zukunftskonferenzen könnten die Moderation übernehmen. Sie schöpfen ihre Argumentationen aus einem ständigen Austausch mit den externen Einflüssen. Die Lebensbedingungen in den einzelnen Regionen Europas und der Welt stehen auf dem Programm. Also sind vernetzte Strategien notwendig. Ist der europäische Traum langweilig geworden? Europa ist keine gescheiterte Utopie.

2. PROGRAMM

Was heißt ein Europa von morgen? Ein ähnliches Modell der Völker hat sich in Ansätzen historisch bereits einige Male bewährt. Wir brauchen keine Nationen, sondern Völker. Sie sind es, die den Vertrag zwischen den Regionen Europas gestalten. Länder, nicht Nationen haben ihre Existenzberechtigung. Damit es zu Kooperationen zwischen Staaten kommt, müssen sich erst die Regionen organisieren. Damit ist nicht ein Fleckerlteppich von Kleinregionen gemeint. Im europäischen Mehrebenen-Modell stehen die Großregionen an oberster Stelle. Sie sind unmittelbar vertreten in der Dachorganisation der

europäischen Institutionen. Ihre Zuständigkeit ist
definiert in der Umsetzung der europäischen
Vorgaben. Realpolitisch und verfassungsrechtlich
ist das Endziel noch in weiter Ferne. Jedoch im
Überbau der europäischen Gesamtinteressen
könnten viele Aufgaben auf die neu gebildeten
Regionen komprimiert werden. Durch sie würde
die nächste Ebene, die der Gemeinden, an
Bedeutung gewinnen. Das Europa der Regionen
ist keineswegs eine leere Hypothese. Durch
schnelle Beschlüsse wäre man gar nicht so weit
davon entfernt. Wenn die Fliehkräfte heraus dem
Gemeinsamen sehr groß sind, wachsen
automatisch die Anstrengungen zur
Gemeinsamkeit. Wie es bei Antoine de Saint

Exupéry heisst: „die Zukunft soll man nicht voraussehen wollen, sondern möglich machen". Europa darf sich nur nicht an Links- oder Rechtsorientierungen verkaufen.

Problembewältigung bedeutet Weltoffenheit. Die sich mancherorts ausbreitende Opposition gegen die Eliten ist ein schlechter Indikator für eine Gesellschaft. Der Umgang mit dem intellektuellen Potenzial wird fahrlässig. Missgunst und Eifersucht sind gefährliche Anzeichen. Länder, in den die Eliten ausgebremst werden, erleiden einen bedenklichen Ausfall ihres Leistungspotenzials. Die nationalen Egoisten sind Fortschrittsbremser, die die Gesellschaft nicht weiter bringen. Ihre Anhänger holen sich ihren Zynismus dort, wo am lautesten gebrüllt wird, wo am liebsten gleich alles zerschlagen wird. Das Problembewusstsein und die Intellektualität kommen sicher nicht von der Straße. Der Mob findet ja Eskalation immer gut. Das darf auf der europäischen Bühne nicht passieren.

Zu allem Überdruss möchte noch die eine Großmacht jenseits des Atlantik mit unlauteren Einflüssen aus der Ferne in die europäischen Strukturen eingreifen, genauso wie sich der Gegenpart im Osten aus der unmittelbaren Nachbarschaft einmischt. Im Innenverhältnis wiederum führt das vollkommen überholte

Parteien-Gehabe Europa an den Rand des Abgrundes. Es bringt nichts, immer mit dem Finger auf die anderen zu zeigen. Parteien können nicht anders, denn sie sind ideologisch grundgeimpft.

Wie beteiligen sich also die Bürger/innen am besten am europäischen Aufschwung? Die wichtigste Aufgabe besteht wohl darin, bewusst an Wahlen teilzunehmen, um den Bewegungen des Fortschritts Stimme zu geben. Die klassischen Parteien bevorzugen unrealistische Fantasy-Shows. Es ist gegen jede gesellschaftliche Logik zu glauben, dass Parteien den Alleinanspruch auf die Richtigkeit ihres Tuns haben. Sie sind nicht bereit, konstruktive Arbeit zu leisten, und stellen die Rechthaberei und nicht die Sache in den Vordergrund. In ihrer Denkweise sind sie anachronistisch. Nun scheint es mit der Liebhaberei für Partei-Schubladen vorbei zu sein. Bewegungen bringen die neue Ideen und Vorschläge nach vorne. Das hat Zukunft.

Wie ein Gespenst geistert noch durch die vielen Fraktionen im Europäischen Parlament die nationale Parteienstruktur, die sich einem stärker werdenden Europa entgegenstellt. Es wäre effektiver, wenn sich die überregionalen Programme durchsetzen könnten. Change-Management-Pakete werden von Bewegungen überzeugender und schneller in die Welt gesetzt als von Parteien. Change-Management hat immer Saison. Allerdings muss es überlegt angegangen werden. Wird die Verantwortung verfälscht, hemmt dies die mühsam angesprochene Neuorientierung.

Wohin gleitet also die Europäische Union? Der Wettstreit unter den Politikern sollte darin bestehen, europäischer zu denken und nicht wie am besten die eigenen Nationen vertreten werden. Nationalismus ist ein künstlich angereicherter Rauschzustand, der niemandem gut tut. Die nationalistischen Rattenfänger treten kaum mit Umsicht auf, sie ziehen eher an den simplen Fäden der Selbstsucht. Wenn der Zustand beispielsweise Frankreichs im Westen oder Polens im Osten europaweit in gleicher Weise Interesse erweckt wie der des eigenen Landes, ist schon viel erreicht. Da wird recht viel an Verstand und Verständnis von allen Beteiligten gefordert.

Momentan surft Deutschland noch in schwerfälliger Trägheit und Arroganz auf den europäischen Wellen. Das könnte sich jeden Augenblick ändern, sobald Initiativen von kreativen Leadern ergriffen würden. Ein Umschwung zum Positiven wäre zu begrüßen. Im selben Atemzug könnte sich allerdings in

Frankreich das Gegenteil ins Negative ereignen. Eine augenblicklich recht clevere, innovative Führungsebene könnte gestürzt werden. Was passiert, wenn mit einem Schlag Rechts-Populisten das Ruder in Händen hätten? Lenken ist Chef-Sache. Es braucht schon kreative Visionäre und gleichzeitig europäische Macher, besonders bei starkem Gegenwind. Die Folgen sind nicht auszudenken, wenn zusätzlich zu den skurrilen Ideologien von PIS in Polen oder FIDESZ in Ungarn irrationale Vorgangsweisen in Italien die europäische Verwirrung anheizen würden. Die Exzellenz Europas ist auf die Probe gestellt. Die transnationale Achse ist so real, dass sich der deutsche Partner aus dieser Verantwortung nicht schleichen kann. Appeasement gegenüber Despoten, im Inneren wie im Äußeren, hilft in den seltensten Fällen.

Noch viel zu wenig wird in der politischen Praxis das Instrument der Zukunftskonferenzen genutzt. Sie bieten das Potenzial, Prägnanz in die Strategien zu bringen. Dann können weitläufig die entsprechenden Maßnahmen geplant werden. Ihr Controlling wird anschließend fremdvergeben. Man nennt es Politisches Outsourcing, wenn unabhängige Dritte die Umsetzungsprozesse bewerten. Um politischen Schlammschlachten entgegen zu wirken, ist ein Evaluierungs-Management Goldes wert. Besonders gilt dies für das Medium Internet. Die versteckte

Kriegsführung im Internet ist nicht immer gleich

erkennbar. Deswegen könnte ja die Wirtschaft,

die ja soundso den Wohlstand abzusichern hat,

eine nützliche funktionelle Aufgabe annehmen

und solche unabhängige Evaluierungs-Agenturen

stellen.

Warum weicht man in den wichtigen

Determinanten des Fortschritts wie etwa der

Steuerung im Cyberspace, der IT-Infrastruktur

oder eben der Rating-Agenturen immer auf

andere Großmächte aus? Forschungsförderungen

und die Abschätzung der Technologiefolgen

gehören in ein zentrales europäisches Rahmen-

Programm eingegliedert. Es ist nicht die Aufgabe der Sub-Einheiten sich mit der übergeordneten Wissenschaftsethik zu befassen. Ethik-Kommissionen sind ein zu sensibles Feld als dass man sie auf untere Ebenen abschieben darf. Es geht nicht um die Zentralisierung Europas, eine moderne Art der Demokratisierung steht in der Zielplanung. Das Europa der Vaterländer würde Zentralisierung bedeuten. Das Vereinigte Europa hingegen steht für Demokratisierung. Einigung ist nicht gleich Zentralismus.

Professionelle Evaluierungen sind ideale Prozessbegleiter im internationalen Geschehen. Die politischen Ratings gehören unbedingt in europäische Hände. Rationale Vorgangsweisen sind auf Messung angewiesen, ob in der Technik, in der Medizin, im Sport oder anderswo. In der Politik ist es nicht anders. Seriöse Politik arbeitet nicht über den Stammtisch, sie braucht immer wieder den Fakten-Check. Eine moderne digitale Supervision wird in Zukunft gefragt sein.

Wo bleibt die innere Verantwortung der europäischen Institutionen? Die europäischen Länder brauchen ihre gemeinsamen Programme. Sind sie einmal erstellt, sollte man sich auch daran halten und nicht unentschlossen weiter im Kreis herum werken. Die europäischen Units sind besser dran, wenn sie als Meinungs-, Ethik- und

Wohlstandsblock gemeinsam auf die neuen Probleme losgehen. Die einzelnen Units bilden das Bild von Mikro-Kosmen, die nur unter dem Schutz des bedeutenderen Makrokosmos bestehen können. Für die wichtigen Wirtschaftsbeziehungen, für die Geldpolitik und für den politischen Austausch auf Weltebene kann nur die Zentraleinheit Europas verantwortlich zeichnen. Wenn in den einzelnen Regionen die Kaufkraftentwicklung, die Arbeitslosigkeit, die Altersversorgung, das Gesundheitswesen und die Bildungspolitik zu den dringlichsten Problemen zählen, verlangt dies ein europaweit gemeinsames Vorgehen.

All diese Aufgaben dringen in die Felder der sozialen Gerechtigkeit, des Umweltschutzes und der Sicherheit. Da haben die europäischen Instanzen zuzupacken.

Wenn Regierungen und ihre Länder sich weigern, die Regeln moderner Demokratisierung und Transparenz, so auch der Schuldenreduzierung, zu akzeptieren, sollten sie auch die logischen Folgen zu spüren bekommen. Alle Teilbereiche sind ja irgendwie miteinander verbunden. Es handelt sich um fundamentale Fragen einer politischen Union und dennoch scheinen sich nur wenige Bürger für die Problematiken zu interessieren. Oder doch?

Die Neugestaltung ist nur in Kooperation aller Teilnehmer erfolgsversprechend umsetzbar. Das bedeutet zwingend, dass die singulären Hoheitsrechte der Staaten an die Regionen abgetreten werden. Diese werden sich zu einem europäischen Zirkel zusammenschließen. Mit der auf diese Weise logisch gebündelten Machtvertretung haben sie den Anspruch auf die Entscheidungen in Europa. Das interaktive Spiel der Zuordnung zwischen der Zentrale, den Regionen und den Kommunen wird die politische Management-Effizienz Europas ausmachen. Wer das heimtückisch zu unterlaufen sucht, schaufelt das Grab einer blühenden europäischen Zukunft. Wen lässt das gleichgültig?

Die Völker Europas pochen auf die wirtschaftliche und auf die gesellschaftliche Programmatik ebenso wie auf Sicherheit. Im selben Atemzug sollte ein überschüssiger Verwaltungseinfluss abgebaut werden. Es wäre riskant, fast vermessen, nicht die besten Programme auszuarbeiten. Um die vielversprechenden Konstruktionen zu verwirklichen, bedarf es einer gehörigen Aufstockung der übergeordneten Budgets. Mit dem Mut zur zielführenden Kreativität können grandiose Ziele erreicht werden. Die altvorderen Nationalisten Europas werden dies allerdings zu konterkarieren versuchen. Darf es so weit kommen? Wie sollen die Probleme der Zukunft mit nur einem Prozent der nationalen Budgets gelöst werden? Das reicht nicht, mit den zwingenden Aufgaben fertig zu werden. Es liegt an den Bürgern Europas, darüber zu entscheiden.

Die europäische Politik muss beginnen, sich pro-aktiv zu bewegen. Sie darf sich nicht unentwegt nur mit Bergungsarbeiten beschäftigen. Nach der Krise, sei vor der Krise, bedingt eine schlimme Kettenreaktion. Das nagt am Gebälk eines noch im Aufbau befindlichen Gebäudes. Absolute Aufmerksamkeit ist empfohlen, da Milliarden Menschen als potenzielle Wettbewerber in das Weltkarussell einsteigen, die früher als solche noch nicht existierten. Die Arbeitsplätze sind weltweilt nicht mehr isoliert, schon gar nicht intern in Europa. Sie stehen in direkter Konkurrenz zueinander. Die Globalisierung beschleunigt sich selbst, tagtäglich. Globalität verspricht im Gegenzug allgemeine Stabilität. Die bürgerliche Gesellschaft Europas muss sich um einen zivilisierten Umgang mit den anderen in der Welt bemühen. Sie muss auf Globalität setzen, da die meisten zeitgemäßen Lebensgebiete international vernetzt sind. Die wirtschaftliche Wertschöpfung, die Nahrungsmittelkette, die Forschung, der technische Fortschritt, der Kapitalaustausch, der Umweltschutz, die Sicherheit, sie alle sind nur grenzüberschreitend zu handeln.

Welche Regeln will man akzeptieren? Es müssen nicht immer die des Westens sein, aber immer die der Menschlichkeit und des Wohlergehens der Menschen. Dies hat immerhin seinen Ursprung im westlichen Kulturaufbau christlicher Ethik. Sie in die Welt zu tragen ist nicht auf religiöse Überzeugungen beschränkt. Humanismus inklusive des Verständnisses aller Religionen gehört zu den Kernaussagen globaler Werte. Dagegen wurde oft verstoßen, obwohl der Urgedanke des Christentums sich allen öffnet und niemanden ausschließt. Es war immer die Eifersucht der mimetischen Rivalität und des Ressentiments die das große Unglück verursachte. Europa jedenfalls wird ohne die

Grundlage seines geistigen Konstrukts kaum wegweisend sein können. Die vielversprechenden Inhalte sind historisch rekonstruierbar und sie bringen Europa nach vorne.

Sind einmal die Voraussetzungen der Programme erschlossen, greifen sie auch. Europa kann es sich nicht leisten, Parallelgesellschaften, sogenannte Enklaven, in seinem Inneren zu akzeptieren. Es kann sich nicht aushöhlen lassen, ohne sich zu wehren. Die zentrale Frage ist deshalb, wie das intellektuelle Gefüge Europas die Zukunftsprobleme lösen wird. Es wird auf die richtige und geschickte Handhabung der

Programme ankommen. Daran werden europäische Politiker/innen gemessen.

3. WAS SIND FÄHIGE EUROPA-POLITIKER?

Politiker sollten im Sinne des allgemeinen Wohls ihre Aufgaben erfüllen. Wie bereiten sich die politischen Akteure auf das zukunftsorientierte Managen vor? Organisierte Weiterbildung ist ja genügend im Angebot. Die Verantwortlichen sind aufgefordert, die Fertigkeiten auf den neuesten Stand zu bringen. Nicht unerheblich ist der Austausch mit fremden Erkenntnissen. Nur so werden Kreativpotenziale ausgebaut. Die Europäische Kommission wird an einer professionellen Beurteilung des politischen Managements nicht vorbei können. Am besten, sie greift auf empirische Assessments, so wie es die Wirtschaft praktiziert.

Welche Qualität wird von den Schlüsselfiguren in der europäischen Politik gefordert? In ihren hochkarätigen Aufgaben werden sie nicht für ihren tagtäglichen Einsatz oder für ihre Fähigkeiten bezahlt, sondern dafür, dass sie der Gesellschaft einen hohen Nutzen bringen. Dieser Effekt ist das Hauptargument im Qualifikationsprofil. Der Umriss lässt sich dann in Teilsegmente auflösen und man erhält ein objektiviertes Bild der politischen Player. Die Profi-Karriere von Europa-Politikern müsste so wie die von Hochleistungs-Sportlern oder Top-Managern bestimmte Fertigkeitskriterien einfordern. Sie wird ergänzt von einer höchst menschlichen Komponente, dem Commitment auf ethische Verantwortung. Zum Know-how kommen die psychischen Erfordernisse hinzu, angefangen von der Konfliktfähigkeit bis hin zur Stress-Resistenz. Souveräne Europa-Politiker/innen haben einem sehr facettenreichen Anforderungsprofil zu entsprechen. Das Spiel der Kräfte ist nicht so einfach, wie es aussieht. Wer betrachtet schon mit Interesse das vorhandene Bild, wer erfährt überhaupt davon?

Qualität lässt sich nicht wählen, die muss gemessen werden. Effizienz lässt sich kontrollieren und immer weiter ausbauen. Die

Kapazitäten, die sowohl die europäische Zentralpolitik als auch die globale Ordnung auf dem Radar haben, lassen sich auffinden. Die Veränderungen auf der politischen Landkarte schaffen ununterbrochen neue Konstellationen der Herausforderung. Es will gelernt sein, Krisen leistungsfähig zu managen. Daher sollten sich Politiker rechtzeitig auf das zukunftsorientierte „Können" vorbereiten. Europa-Politik kann nicht einfach so salopp gemacht werden. Sachverständnis in Strategie, Planung und Entscheidungsfindung sind für Europa-Politiker/innen genauso ein Muss wie Kultur- und Sprachverständnis. Man sollte die Denkweisen und Muster der Nachbarn kennen und sich in sie einfühlen können. Wenn sich der gesamte Kontinent in all seinen Positionen umwandelt, müssen sich dementsprechend auch die Inhalte der einzelnen Teile verändern. Viel wurde schon getan, aber vieles kann noch viel besser werden.

In Summe sind das die Augenblicke der neuen europäischen Zivilisation - sie könnten groß sein. Es geht um Inhalte auf dem Weg zum gegenseitigen Verständnis. Die Modellbildung hat strategisch klug und weitsichtig zu erfolgen. Nicht die Integration der Nationalstaaten, sondern ihre Überwindung ist Programm. Es muss Bewegung zwischen den nationalen Units kommen.

4. MANAGEMENT DER POLITIK

Gute politische Lösungen zeichnen sich dadurch aus, dass sie raumgreifend sind. Sie entwickeln sich in internationalen Vernetzungen. Wenn Institutionen in Turbulenzen stecken, gibt es Methoden, sich möglichst schnell daraus zu befreien. Auf Brüche jedweder Art sollte rasch reagiert werden. Diese Maxime gilt übrigens auch für die Vereinten Nationen und die Weltbank, wird aber selten befolgt. Konflikte und Spannungen haben immer eine Rest-Chance auf einen Lösungs-Modus. Sie müssen nur dementsprechend angegangen werden.

Der erste Schritt zum Ausweg besteht darin, Alternativen zu suchen. Die Europäische Union wird diese nur dann aufspüren, wenn sie Einigkeit aufweist. Die Sicherung der liberalen Gesellschaft ist eine Voraussetzung einer florierenden Europäischen Union. Illiberalität darf sich nicht durchsetzen. Wird Freiheit beschnitten, könnte entweder kommunistisches Großmachtdenken oder rechtsgerichtete Abschottung Europa im verschimmelten Keller der Nationalitäten vermodern lassen. Die Multipolarität eines gemeinsamen Europas hat die Chance, den Kontinent aufzufangen. Nur ein vereintes Europa wird sich in der globalen Architektur zurechtfinden. Es darf nicht zum Spielball fehlorientierter Kräfte abgewertet werden.

Eine Barriere zu vernünftigen Beschlüssen ist die Aufrechterhaltung der absoluten Mehrheit bei Abstimmungen. Die qualifizierte Mehrheit wird im Rat zwar bisweilen angewendet, aber in Angelegenheiten, die die Mitgliedstaaten als sensibel betrachten, ist Einstimmigkeit erforderlich. Es ist unsinnig, dass Vertragsänderungen einstimmig bewilligt werden müssen. Die Aufrechterhaltung von absoluten Mehrheiten hemmt jedes Vorwärtskommen, wie es aus der Praxis des Sicherheitsrates der Vereinten Nationen zur Genüge bekannt ist.

Einstimmigkeit pflastert selten den Weg zum Erfolg. Die Europäische Union wird sich nur frei und rüstig bewegen, wenn sie von diesem Prinzip abkommt. Sich hin- und her schubsen lassen entspricht nicht der europäischen Verantwortung. Wann ringen sich die nationalen Regierungen zum Neuerungsprozess durch?

Wie wird Politik optimal gemanagt? Selbst Insidern der Europäischen Union scheint es noch nicht ganz einsichtig zu sein, dass Politik in der Globalisierung professionelle Vorgangsweisen braucht. Ein politisches Management der Extraklasse greift dann, wenn der Wille zum Aufbruch erkennbar ist. Leider steht dem das physikalische Gesetz der Trägheit entgegen. Hat man Angst vor der Intelligenz der Globalisierung? Allzu leicht fällt man in den Sog der Interesselosigkeit.

Der Effizienz darf man sich einfach nicht genieren. „Excellence-Search" führt zu kompetenten Einschätzungen von Problem-Situationen in der Wirtschaft genauso wie in der Politik. Knowledge-Management wird zu einem wichtigen Faktor. Die rechtzeitige Perzeption von Chancen hängt von der Qualifikation der verantwortlichen Akteure ab. Lassen sie sich auf ein externes Evaluieren und Coaching ein? Und wie gut sind dann die

Coaches? Der Nachholbedarf ist offensichtlich.

Wie realitätsecht ist ein gut ausgedachtes Programm? Welche Handlung welche Konsequenzen haben könnte, ist schon aus den strategischen Vorgangsweisen abzulesen. Sie dürfen nicht auf Kaffeesud-Leserei beruhen, sie brauchen ernst zu nehmende Analysen. Das richtig eingesetzte Wissen macht es möglich, die politische Tätigkeit zu definieren. Dann lässt es sich auch vernünftig in Gang setzen. Wissen ist nicht gleich Wissen und es muss erst erworben werden. Auch in der Politik verhindert erst ein fundiertes Können die gefürchteten Dysfunktionen im System.

Know-how und Know-why können nicht durch blosses Engagement ersetzt werden. Greifen Manager in der Wirtschaft zu wenig auf die richtigen Techniken, spüren sie die Effekte sehr bald an den Resultaten. Politiker hingegen lavieren sich immer noch durch die anstehenden Aktionen ohne Methodik durch. Sie vertrauen auf gutes Glück. Bewertung und Risiko-Management sind in Politikerkreisen vielfach noch Fremdwörter. So laufen Entscheidungen in der politischen Praxis Gefahr, sich auf den Zufall zu begründen. Sollte dieser Vorwurf unberechtigt sein, dann stimmt irgendetwas in der

Öffentlichkeitsarbeit der Verantwortlichen nicht.

Denn die Allgemeinheit hört nichts von den

Vorgehensweisen bei wichtigen Projekten.

In der veröffentlichten Meinung werden viele der

schwelenden Missstände den europäischen

Institutionen in die Schuhe geschoben.

Nachweislich waren es aber stets die Vertreter

der Nationalstaaten im Europäischen Rat, die für

die verpatzten Situationen verantwortlich

zeichneten. Sämtliche Brüche in der Gemeinschaft

sind auf das sture Verharren nationaler

Regierungen zurückzuführen. Nicht die

europäischen Institutionen haben geschwächelt,

sondern die Nationalstaaten. Europa blockiert sich

selbst durch die Autokratie seiner Nationen. Die Kritik richtet sich nicht allein gegen die mit Problemsituationen überladenen Länder. Auch die Großen lassen die Mitverantwortung in den Konvergenzmechanismen vermissen. Hat man etwa davor Angst, dass die irrationalen Handlungen der nationalen Regierungen entlarvt werden?

Wieder taucht die Notwendigkeit von Evaluierungen durch unabhängige Dritte auf. Was steht auf dem Spiel? Worin besteht das Geheimnis eines selbstbewussten Managements der Politik? Wann wird die gemeinsame Zielerreichung auch genossen und der

Öffentlichkeit weitergegeben? Noch ist es selten zu sehen, aber es kommt vor. Das schafft Vertrauen im Publikum. Was bedeutet es für die Zukunft Europas, wenn fix geplante Projekte nicht umgesetzt werden? Es muss doch nachdenklich stimmen, wenn rationale Argumente den populistischen weichen müssen. Wird irgendein Beschluss nicht umgesetzt, dann ist er zwar gut gemeint, aber zahnlos. Das wirkt sich negativ auf die Handlungsfähigkeit der Europäischen Union aus. Im Nachhinein die falsche Entscheidung zu bedauern, hilft den gut gemeinten Projekten überhaupt nicht. „Zu viele Köche verderben den Brei" besagt ein bekanntes Sprichwort. Es gilt besonders dann, wenn Planung chaotisch verläuft.

Wird in Europa zu viel geregelt? Welche Entscheidungen beeinträchtigen das Gesamt-System? Dieses Prinzip gilt es zu klären, dann lässt sich das operative Management effizienter an die Subsysteme delegieren. Das Work-out ist umfangreich und kann ausschliesslich in den einzelnen Units vor Ort erfolgreich abgeschlossen werden.

Das europäische Konstrukt lässt sich nicht ausschliesslich über den Freihandel und die Freizügigkeit des Personenverkehrs definieren. Vor allem hat das politische Management in Europa seine Bürger zu interessieren. Denn die notwendige Agenda der Europäischen Union umfasst das gesamte Paket des öffentlichen Interesses: Finanzen, Wohlstand, Sicherheit, soziale Verantwortung, Nachhaltigkeit, globale Verantwortung. Alle Items betreffen jede/n Einzelne/n.

Verschwendung ist gerade in der Politik kein Kavaliersdelikt. Verschuldung ist der beste Weg dorthin. Sie verkörpert das verheerenden Virus, das unweigerlich zur Schwächung des ökonomischen und sozialen Systems führt. Millionen Menschen müssen darunter leiden. Mit Umverteilung würde man das Kind mit dem Bade ausschütten, keineswegs irgendwelche Not beseitigen. Noch offeriert eine stabile europäische

Währung ein verlässliches Sicherheitsnetz für die europäische Wirtschaft. Doch müssen die Regeln eingehalten werden, auch wenn es mancherorts weh tut. Eine falsch verstandene Rolle von sozialer Gerechtigkeit würde erhaltenswerte Strukturen aufweichen, niemandem wäre geholfen. Überdosierte soziale Medikation würde die gesellschaftlichen Krankheitsbilder nur noch mehr verschlechtern. Mit gut gemeinten Entscheidungen schädigt man das Gesamtsystem und damit die Bürger im Einzelnen. Eine Fehlanpassung in Teilgebieten schwächt den europäischen Organismus in seiner Gesamtheit. Statt Subventionen nach dem Gießkannenprinzip zu verteilen, sollte erst eine sichere Basis erwirtschaftet werden. Die Dividende des Fortschritts wird nicht immer mit Augenmaß aufgeteilt.

Europa muss prosperieren, dann wird es auch imstande sein, sich sozial zu verhalten. Wenn die Wettbewerbsfähigkeit des Kontinents ignoriert wird, wären die Folgen für alle fatal. Einzelne Nationalstaaten, die in krasse Defizite abgleiten, können sich selbst nicht stützen. Die Fremd-Unterstützung wird nur dann erfolgreich sein, wenn die Rückstände absorbiert sind. Dazu bedarf es besonderer Services verbunden mit Disziplin und Vertrauen in die Methoden. Wähler müssten hellwach sein, wenn sie sich vor Augen halten, wie die Ökonomie und mit ihr die Finanzen eines Landes ohne dem Einsatz unerfreulicher Maßnahmen ausbluten könnte. Blinder Populismus frisst sich in die Kritik an den notwendigen Austerity-Programmen hinein. Im Dunkel dieser Absichten wird der Staatsbankrott mit all seinen Folgen bevorzugt.

Vor allem die Arbeitsplätze im Export hängen am Commitment für einen fairen Welthandel. Der Protektionismus wird zum Gordischen Knoten. Steuergerechtigkeit ist kein leeres Schlagwort. Nationalstaaten die sich als Lockvögel für Steuerflucht hergeben, handeln gegen die Interessen des gemeinsamen europäischen

Konstrukts. Die Misere entsteht allerdings auch dadurch, dass die Versteuerung in etlichen Staaten viel zu hoch ist. Sie entpuppt sich als kontraproduktiv. Dazu kommt, dass manche Verwaltung durch Unübersichtlichkeit zum Hemmnis seriösen Wirtschaftens wird. Panik im Finanzsektor ist in jedem Fall zu vermeiden. Auf diese Weise wird das europäische Gebäude unnütz erschüttert und die Bürger ins Mark getroffen. Als es in der berüchtigten Finanzkrise zum Crash kam, wurden Banken gerettet. Sicherlich nicht dazu, dass fragwürdige Bankenverwalter, die sich gerne verzocken, schadlos gehalten werden. Das Vertrauen der Finanzmärkte musste gestärkt werde, klingt zwar abstrakt. Wenn dies einmal nicht gelingen sollte, gehen ganze Wirtschaftssysteme zugrunde. Auch das gehört zum Anspruch auf Sicherheit und zwar nicht ausschliesslich für das eigene Territorium. Die bestmögliche Gewährleistung beginnt außerhalb des Hauses Europa, sie wird mit einer subtilen Politik außerhalb seiner Grenzen eingeleitet. Über alle Strukturen hinweg können sich Ökonomie und Politik gegenseitig erziehen, kontrollieren und befruchten.

5. KOMMUNIKATION

Die europäischen Institutionen generieren bis jetzt Desinteresse im europaweiten Umfeld. Das führt zu einer Abwehrhaltung in der breiten Öffentlichkeit. Es wird viel zu viel unprofessionell kommunizieret. Die politische Kommunikation spielt sich vorwiegend in einem unverständlichen Dilettantismus ab. Wenn die Öffentlichkeit nicht wahrnimmt, was hinter den Kulissen passiert, stürzen Gegenrichtungen das Ganze ins Skandalöse. Es genügt nicht, pompöse Websites zur Schau zu stellen. Erörterungen eines Themas in sogenannten Parlamentsdebatten interessiert das Publikum draußen nicht so sehr. Wichtiger wäre es zu publizieren, wie die Problemlösungen angegangen werden und was die evaluierten Ergebnisse ausmachen. Social-Media-Plattformen mit seriösem Background könnten viel Information liefern. Gestützt durch professionelle Bewertung würden sie den politischen Diskurs in Gang bringen. Wie mit Ratings umgegangen wird, ist nicht nur Sache der Entscheidungsträger, sondern auch der Bürger. Sie alle brauchen das Angebot demokratischen Verständnisses. Fehlinterpretationen und Missverständnisse sind gewöhnlich das Ergebnis schlechter Verständigung. Sie verschärfen unnötigerweise die Konfliktsituationen.

Nach wie vor zeigt gute Kommunikation die ihr zustehende Wirkung. Man sollte denn doch benennen dürfen, was falsch läuft. Nur wenn bewusst auf Fehlgriffe geblickt wird, lernt man aus ihnen. Werden Wahrheit und Dichtung vermengt, führt es unweigerlich zur Katastrophe, die langfristig andauert. Dann werden Ressentiments geschürt, anstatt Inhalte propagiert. In der Masse der Öffentlichkeit wird erstrangig der Bauch angesprochen. Dann zählen natürlich die Emotionen zählen. Gehorcht man diesem Gesetz, ist auch leicht zu argumentieren, dass der Klimawandel gar nicht wahr sei. „Alternative Fakten" werden zu Parallelwelten umgemodelt. Da wird viel gelogen und nicht einmal gut gelogen. Die Lüge ist nun einmal verführerisch. Befangen stürzen Politiker/innen in die Ratlosigkeit.

Nicht ganz unschuldig an den gesellschaftlichen Miseren sind die klassischen Medien. Viele sind in ihrer Berichterstattung mehr an Krach und Krawall interessiert. Die Neigung zu drastischen Vereinfachungen ist unverkennbar. Schnell wird Milieu der Vorverurteilung geschaffen. Es geht vorwiegend um Einschaltquoten und Schlagzeilen. Angst gilt dabei als Geschmacksverstärker. Die größte Gefahr für die veröffentlichte Meinung liegt in irreführenden Behauptungen, die zum Nonsens aufstacheln.

Politiker umschiffen gerne kritische Zonen. Wie sieht der realistische Blick auf die Welt aus? Ist es uns wert, dass wir darauf eingehen? Die unfairsten Methoden spielen sich im Netz ab. Dort wird unverhohlen manipuliert. Die Portale, auf denen Bürger ihre eigenen Fake-Stories erstellen sind auf Krawall gebürstet. Man lässt verlauten, was populär ist. Die Mantras der großen Lügen helfen, die komplexen Zusammenhänge zu verschleiern. So wird das digitale Risiko zu einem wichtigen Punkt des politischen Sicherheits-Managements. Die neuen Medien und die Sicherheit werden nicht zu vernachlässigende Faktoren der europäischen Politik sein.

Es wird offensichtlich, wie sehr in Europa die Einrichtungen eines objektivierten Fakten-Checks fehlen. Wo sind sie denn, die europäischen Rating-Agenturen? Externe Beobachtung und Analysen sind gute Instrumente, um Politik effizient voranzutreiben. Evaluierung entspricht dem Konzept der Gegenseitigkeit im Sinne der reziproken Verpflichtung. Die Macht der Politik tauscht sich mit der Macht der Zivilgesellschaft aus. Korrekturen aufgrund gemessener Information bewirken gesunde Richtungs-änderungen. Evaluierungen rufen ins Bewusstsein, wo die Ursachen von Krisen stecken. Ob die Fragen bequem oder unbequem sind, ist nicht von Belang. Die Einstufung ihrer

Prioritäten nach Dringlichkeit und Gewichtung macht ihre Bedeutung aus. Wenn Entscheidungsträger nur nachgeben, entwickeln sich auf einmal unzählige unwahre Meinungen. So wurde Trivialisierung in der Politik zum gängigen Instrument. Evaluierungen helfen, Umwelteinflüsse, Bevölkerungsprobleme, Finanzkrisen oder Ungerechtigkeiten besser in den Griff zu bekommen. Es gilt, aus der Desorientierung herauszufinden. Wenn man unvorbereitet ist, werden nur Exzesse produziert.

Politiker/innen tun gut daran, Experten zu konsultieren. Sie selbst können ja nicht Konsulenten sein, sie sind Entscheider. Nicht zu verkennen ist, dass die politische Leistung das kommunikative Vermögen widerspiegelt. Beide Ansätze müssen den auferlegten Kriterien entsprechen. Die Verstärkung durch Kommunikation gehört zum Repertoire jeder wirksamen Politik. Es nützt der Bewältigung der Zukunft überhaupt nicht, wenn die Lage besser ist als die Stimmung. Nicht alle verfügen über das nötige Rüstzeug, um die reale Situation zu skizzieren. Figuren des wirkungslosen Palaverns stören nur. Kommunikation ist dann am genialsten, wenn ihre Reflexe einer ständigen Kontrolle unterzogen werden. Die politischen Akteure können nun einmal nicht erfolgreich agieren, wenn sie auf externe Unterstützung verzichten. Das grundlegende Bedürfnis an Information ist sowohl bei Politikern und in der Öffentlichkeit vorhanden. Die meisten Gesellschaftsgruppen erwarten Information, denn sie gehört zu den Begierden einer wachen Gesellschaft. Die Antworten können aber nicht von denen gegeben werden, die selbst in die Ereignisse involviert sind.

6. EUROPÄISCHE HANDLUNGS-MAXIMEN

Politik trifft Entscheidungen durch Macht. Sie hat dies im Interesse der Allgemeinheit zu tun. Wenn Europa jedoch auf Macht verzichtet, werden auch keine europäischen Entscheidungen getroffen werden können. Europa braucht Macht und seine Bürger/innen können sie verschaffen. Im Idealfall ist die europäische Handlungsweise berechenbar. Die größten Erfolge wird Europa einfahren, wenn die unnötigen nationalstaatlichen Elemente aus dem gesamtpolitischen Kontext herausgenommen sind. Im Zentrum des Interesses stehen nicht mehr Nationalstaaten, sondern die Bürger des ganzen Kontinents. „Die Kraft des europäischen Volkes besteht darin, mehrere Völker zu sein" betont der französische Staatspräsident Macron in einem Statement zu Europa.

Die Europäische Union wird bei der Zukunftsgestaltung auf Partnerschaften in den eigenen Reihen bauen müssen. Die Zusammenarbeit zwischen den Regionen gehört intensiviert. Intensivieren heißt, die Kreativität verstärken, Initiativen gestalten. Ohne diesen gestalterischen Input wird das europapolitische Management nicht auskommen. Da wird das schwächste Glied zum Maßstab für den Bestand der Union. Es hängt vom beiderseitigen Willen, den Starken und der Schwachen ab. Insofern muss zur Förderung der europäischen Gesundung die Zusammenarbeit enger gemanagt werden.

Seriöse Bewertungen könnten die allgemeine Situation und die spezifischen Lagen aufzeichnen. Sie würden wertvolle, weil verwertbare Informationen über den jeweiligen Status-quo liefern. Valide Daten stellen zusätzlich ein Service am Wahl-Prozess der europäischen Bürger/innen dar. Hat man gut Quellen? Man findet sie eigentlich selten auf den gefakten Seiten großer Netzwerke. Selbst hoch entwickelte Algorithmen sind irreführend, wenn sie vom Datenmissbrauch gefüttert sind. Es sind die Resultate seriösen

Ratings, die zuverlässige Ergebnisse liefern. Sie sind die Seismographen zukünftiger Entwicklung. Daraus entstehen Expertisen, die das politische Management anfeuern. Wenn die politischen Eliten mit kreativen Maßnahmen loslegen, will die Öffentlichkeit auch wissen, wie diese strukturiert sind.

Jedes neue programmatische Format nutzt die Netzwerke des Politik-Marketings. Warum wird überhaupt an politischen Initiativen gefeilt? Prioritäre Aufgabe ist, Situationen zu verbessern oder einem Absturz der Gesellschaft vorzubeugen. Natürlich ist die Angst vor Fehlentwicklungen virulent. Viele davon finden ihre Parallelen in der Geschichte. Die Vergangenheit zu verschleiern, bedeutet, die Fakten der Gegenwart zu ignorieren. Es ist total wichtig zu verstehen, was man aus der Geschichte lernen kann. So müssten wir eigentlich darauf vorbereitet sein, wie auf unmoralisches Regieren, auf Korruption und Betrug, auf Drogenverteilungen, auf Selbstsucht und Gewalt im politischen Geschäft zu reagieren ist. Politisches Management spielt sich nicht allein in den eigenen vier Wänden einer Region ab. Die Suchkamera ist auf das internationale Parkett gerichtet.

Rechtsverletzungen seitens autoritärer Regime und ihrer Geheimdienste haben ein Ausmaß angenommen, das nicht einmal mehr vor den Kanzleien der auswärtigen Ämter Halt macht. Es gehört zum politischen Ethos internationaler Politik, Verantwortung über die Grenzen hinaus mit zu übernehmen. Niemand sollte zuschauen, wenn Menschen in ihren Berufen die Gesundheit oder auch ein gesundes Verhältnis zu ihren Familien verlieren. Mit diesem Ansinnen stehen wir mitten auf dem Feld der sozialen Verantwortung von Politik. Wo Kriegs- oder Bandengewalt herrscht, werden Menschen in Angst versetzt, ja ganze Familien zerstört. Solche Umstände hat die Politik überall auf ihre

Menükarte der Problemlösung zu setzen. Allein aus dieser Sichtweise müsste die Europäische Union ein internationaler Gestaltungs-Faktor bleiben. Nur ohne Kompetenzen wird der Output schwach sein.

Immer wieder werden im Innenverhältnis der europäischen Units vertrackte Sachfragen zu bewältigen sein. Soziale Ungerechtigkeit und auch Mobbing gehören zu den vergessenen Problemen der modernen Berufssphären. Wenn Menschen als Folge in persönliche Krisen bis hin zum Selbstmord getrieben werden, gehört auch dies zum Wirkungsfeld der Politik unserer Zeit. Sie hat sich intensiv für Lösungen einzusetzen. Man darf die Augen nicht verschließen, nur weil es so etwas nicht geben darf. Es gibt genügend Substanzverlust innerhalb der europäischen Gesellschaft, der in den politischen Extremismen kulminiert.

Wenn wir die Menschenrechte überdenken, wogen die Wellen bis hin in die unmittelbare europäische Nachbarschaft. Inwieweit Massenmigration mit dem Sozialstaat vereinbar ist, sollte die europäische Zivilgesellschaft klären. Dazu kann sie ihre übergeordneten Institutionen einsetzen. Vorläufig wurden Lösungsansätze noch von den Nationalstaaten torpediert. Sie waren es, die das Mindestmaß an gegenseitiger Fairness haben missen lassen. Trotzdem, was illegal ist, darf nicht als legal umgekrempelt werden. Lebensbedrohlicher Schmuggel von Menschen ist unmoralisch und rigoros zu bekämpfen. Der europäischen Steuerung fehlen immer noch die Machtbefugnisse. Wie Duckmäuser sitzen die nationalen Politiker auf ihrem vermeintlichen Erbrecht, als ob die Uhren rückwärtsgingen. Expertenmeinungen aus der Wissenschaft werden gar nicht erst eingeholt, man dilettiert im eigenen nationalen Kämmerlein. Wessen Schuld ist es?

Europa hat nun einmal Nordafrika, den Nahen Osten ja auch Zentral-Asien als Nachbarn. Die über die Grenzen ausstrahlenden Probleme werden die einzelnen Länder Europas für sich nicht lösen können. Positive Outputs sind nur über ein zentrales europäisches Politik-Management zu erzielen. Dieses sollte sich dann auch auf eine gemeinsame Finanzwirtschaft stützen können. Nationale Parteien sind gar nicht in der Lage, sich mit internationalen Problemen zu identifizieren.

Parteien vertreten Ideologien, Bewegungen Ideen. Warum werden immer wieder Parteizugehörigkeiten den Wählern angeboten? Längst ist das Publikum der national apostrophierten Erklärungen müde. Sich davon zu lösen, fällt immer noch schwer. Kollektive

Bewegungen und ihre Teams finden kontinuierlich wachsende Akzeptanz. Sie drängen die Politik zum Gestalten und zur Umsetzung von Zukunfts-Plänen. Anstatt Feindbilder zu pflegen, wie es Parteien tun, werden Qualität und Verbesserungen angeboten. Das Kraftfeld, Stimmen anzuziehen, darf nicht dem Populismus überlassen werden. An seine Stelle tritt das gemeinsame kreative Vermögen. Noch sind es sehr schüchterne Versuche. Die Wähler/innen werden sich hoffentlich einbringen und die innovativen Formate stärken. Es entspräche einem bewussten Change-Management, an dem die Bürger/innen Europas sich beteiligen.

7. STÖRFAKTOREN

Viele der Hemmnisse einer reibungslosen Zusammenarbeit sind auf Starrsinn oder Unwissen zurückzuführen. Die Wesensmerkmale der unerfreulichen bis gefährlichen Strömungen durch extremistische Anschauungen von links und rechts sind offenkundig. Niemand will sich so richtig mit ihnen auseinandersetzen. Man nimmt sie einfach zur Kenntnis und manche fallen sehr schnell auf sie herein. Dass die traditionellen Parteien aufgrund ihrer Verkarstung die Auswüchse nur fördern, übersieht man geflissentlich. Das politische Europa sollte sich allmählich von seiner Parteienlandschaft lösen.

Von der Rhetorik der üblichen Parteitage wegzukommen, wäre ein erster Schritt. Es geht nicht gleich um Abschaffung, aber um Umwandlung und Umbau.

Ideologische Fanatiker wollen gar die Mitte der Gesellschaft in Links und Rechts einteilen. Subjektive Ansichten divergieren naturgemäß. Doch hinter den Kulissen der Extreme versteckt sich die Polarisierung von Ideologien. Sie entpuppen sich als eine unterschwellige Bedrohung für die Gemeinschaft. Erfreulicherweise folgen die neuen Generationen nicht mehr den alten Mustern nationaler Kategorien. Frei von Voreingenommenheit scheinen sie zu ahnen, wie leicht sich

Nationalismus in Destabilisierung umsetzt.

Nationalismen gibt es erst seit ca. 200 Jahren. Sie

mündeten immer in der Konfrontation mit dem,

was sich außerhalb ihrer Grenzen abspielt. Die

nationale Sichtweise war in der Geschichte immer

schon fatal. Die nationalen Units klammern sich

verängstigt an ihren eigenen kleinen Zentralismus

und setzen auf ihre internen Korruptionen. Was

bedeutet es heutzutage, ein Land zu

destabilisieren? Wer hat übrigens angesichts der

Völkerwanderungen die Hosen voll? Migration ist

die natürlichste Sache der Weltgeschichte. Sie

bildet auch keine Gefahr, solange die

Rechtsordnungen seriös vollzogen werden. Man hört manche Politiker sagen, die Völkerwanderung sei die Mutter aller Probleme. Wie auch immer die Sichtweise ist, man muss zur Kenntnis nehmen, dass die Migration in der zukünftigen Welt exponentiell ansteigen wird. In solch einem Szenario ist möglichst proaktives Handeln notwendig. Vor der Realität die Augen verschließen, wäre töricht.

Rechtsstaat und Nationalstaat sind nicht das Gleiche. Die Gewaltenteilung als Verfassungsprinzip wird nicht nur in der Demokratie angewendet. Auch im Absolutismus Napoleons gab es sie als Rechtsgrundsatz.

Rechtsstaatlichkeit wurde im historischen Rückblick öfter schon pervertiert. Die Zeit wäre gerade jetzt günstig, das neue Modell überregionaler Demokratie zu realisieren. Der Europäischen Union liegt eine ungemein vitale Dynamik in Bezug auf Rechtsstaatlichkeit zugrunde. Sie könnte eine Vorbildfunktion einer neuen demokratischen Ordnung ausmachen. Innovative Bewegungen kurbeln die Inhalte und Reformierung an. Sie dehnen die Entscheidungsfindung auf das gesamte europäische Feld aus. Zwar wird es immer Gegenströmungen zu den progressiven Kräften geben, doch die Auseinandersetzung relativiert sich in ihrer Schärfe, wenn sie auf Fläche geht.

Wenn in einem regional kleinen Trouble-Spot gewaltbereite Provokateure sich durchzusetzen versuchen, verlieren sie in der Weite des europäischen Spektrums an Wirkung.

Der Einflussbereich einer europäischen Demokratie eröffnet weitläufige Perspektiven. Sie könnte Instrumente schaffen, um den Kontrollverlust in der Gesellschaft abzufangen. Wenn die gegenwärtigen Funktionen verändert werden, ist das auch wirkungsvoll zu kommunizieren. Kommen umstrittene Statements aus den Regionen herein, sind sie zunächst aufmerksam zu registrieren. An- und Zuhören ist eine Pflichtübung. Der Wechsel-Mechanismus zwischen Kommission und Parlament kommt in die Gänge. Für derartige Strukturen ist allerdings die Bereitschaft zum Umdenken notwendig. Sowohl in der Sache als auch in der Form sind Änderungen vonnöten.

Die Instanzen der Europäischen Union dürfen über Digitalisierung und Globalisierung nicht nur in abstrakter Form reden. Sie haben die Umwandlungsprozesse praktikabel anzugehen. Das Motto lautet: weg von nationaler Kleingeisterei.

Will die Europäische Union ihre Zukunft selber gestalten, darf sie sich nicht amerikanisch, chinesisch oder sonst irgendwie fremdbeeinflussen lassen. Sie darf nicht darauf verzichten, ein wichtiger Player auf der Weltbühne zu sein. Sie hat eine Verantwortung, an der Überlebensfrage der Menschheit mitzuarbeiten. Um an Exzellenz heranzukommen, muss die gesamte Gesellschaft grundlegende Forderungen erfüllen. Wollen wir uns auf dem Weltmarkt der Ideen behaupten? Europa kann nicht neutral operieren. Neutralität war ein Instrument des zwanzigsten Jahrhunderts, sie ist obsolet für die Zukunft. Alle Einheiten des europäischen Gesamtbaus müssen die eigene und gemeinsame Sicherheit gewährleisten.

Abgeschlagen sein und keinen Einfluss haben, ist

nicht wünschenswert. Die Antworten auf die Zukunft des Kontinents liegen in der gemeinsamen Verantwortung und können nur gemeinschaftlich, nicht singulär national gegeben werden.

Die drohenden Gefahren sind gar nicht so unsichtbar. Sie zu übersehen, wäre nicht entschuldbar. Wir Menschen neigen dazu, allgemeine Bedrohungen aus dem persönlichen Film herauslöschen zu wollen. Es geht uns anscheinend nichts an, wenn internationale Direktinvestitionen zurückgehen, die Produktivität auslässt oder die Qualität des Bildungs- und Gesundheitssystems sinkt. Wenn

Schattenwirtschaft und Inflation steigen, die Einkommen und Vermögen ungleich verteilt sind, wird auch das subjektive Glücksempfinden der Menschen in der Gemeinschaft sinken. Seriöse Politik darf nie den Grundsatz aus den Augen verlieren, dass das Erwirtschaften die Voraussetzung für das Verteilen ist. Wenn die Wirtschaft floriert, geht es vielen gut, auch wenn nicht alle einbezogen sein können. Je mehr die breiten Schichten sich dem Wirtschaftsniveau der oberen Milieus nähern, desto gesünder ist die Gesellschaft. Was wäre die Alternative? Wovon können die Bürger überzeugt werden?

Sicherheit, Nahrung und Wohlstand, ein gesundes

Umfeld und technologische Zukunftsaussichten sind Vorstellungen, die der Nationalstaat auf lange Sicht nicht garantieren wird. Die Kompetenzen sind im globalisierten Zeitalter von allen Seiten zu bündeln. Vielleicht lassen sich die ideellen und materiellen Ressourcen immer noch am besten über die repräsentative Demokratie regulieren. Das demokratische Prinzip wird allerdings ad absurdum geführt, wenn es daran geht, selbstzerstörerische Kräfte freizusetzen.

Das Unverständnis für ganzheitliche Lösungen bringt politische Systeme in existenzielle Gefahr. Man kann nicht immer nur fordern, wie es die Wut des Volkes manchmal tut. Dabei wird vergessen, dass bei eine- Überglühen der Forderungen die mühsam errungenen Vorteile allzu schnell verbrennen. Dann entfernt man sich meilenweit davon, was ursprünglich nur annähernd gewollt war. Nimmt die Gier der Massen überhand, treibt dies die Großen und Mächtigen geradezu zur Raffsucht an. Da entpuppen sich die Vorgaben mancher Politiker, den Zug der Demokratie zu benutzen, als große Täuschung. Haben sie Macht einmal erhascht, springen sie von ihren gespielten Inszenierungen ab. Sich autokratisch zu etablieren, ist das beste Rezept für populistische Manipulatoren.

Parteien werden möglicherweise in der

öffentlichen Entwicklung immer mehr eine untergeordnete Rolle spielen. Bewegungen haben Zukunft, sie wirken überregional. Die stärkste Wirkung könnten sie im Europäischen Parlament aufzeigen. Momentan leiden sie noch darunter, dass sie sich in den engen Grenzen von Staaten entfalten müssen. Sie dürfen einfach nicht darauf verzichten, sich international zu vernetzen. Bewegungen sollten nicht nur bedacht sein, den Aufschwung zu schaffen, sondern auch den eigenen Abschwung zu verhindern.

Wie konsolidiert sich am besten eine von Ideen getragene Bewegung? Vorab darf sie nicht zu einer Partei klassischen Stils mutieren. Sie ist dazu da, Visionen zu konkretisieren und Probleme zu lösen. Für Themen, nicht für Ideologien wird gearbeitet. Ein interaktiver Ideenaustausch, begleitet von Kreativität und Projektkontrolle, ist die Voraussetzung für eine zum Positiven gesteuerte Veränderung. Das müsste machbar sein. Programme gehören kontinuierlich aufpoliert, ohne dabei die konsistenten Werte zu vernachlässigen. Darin liegt, ähnlich wie bei Produkten, die eigentliche Wertschöpfung. Auf die Geschwindigkeit des Kapierens folgt die Schnelligkeit der Umsetzung.

Bewegungen müssten imstande sein, einen starken kreativen Change einzuleiten. Auch in

Ost-Europa könnte dies den Bewegungen der Jugend gelingen. Ihr pro-europäisches Engagement ist deutlich vernehmbar. Sie verstehen, dass Ihre Regierungen mit ihren nationalistischen Veranstaltungen gar nicht mehr glaubwürdig sind und dass dort das Scheitern eines freien Europa begründet sein könnte.

Im Verborgenen gärt eine weitere Bedrohung. Das linkstotalitäre Gedankengut geht davon aus, das rechtsextreme Lager könnte sich am nationalen Wahn vielleicht einmal erschöpfen. Der linke Irrationalismus schwelt in allen Weltgegenden, in manchen noch versteckt, in anderen unverhohlen sogar als Staatsmacht. Hat man schon wieder vergessen, wie der Kommunismus die Menschheit zu vergewaltigen trachtete? Es wird wohl immer die Mächte geben, die darauf erpicht sind, den Rest der Welt zu beherrschen. Es stehen ihnen nur zwei Ideologien zur Verfügung, beide sind schwere Kaliber. Am besten ist die Gesellschaft beraten, wenn sie sich gegen jedwede Ideologie stemmt, egal von welcher Seite sie kommt.

Wer könnte am Scheitern eines fortschrittlichen Europas sonst noch interessiert sein? Im Innenverhältnis Europas sind sicherlich nicht diejenigen am Scheitern interessiert, die an das Wohl ihrer Regionen denken. Autokratische

Regierungen sind es, die den Wandel verabscheuen. Von außen verdeutlicht der neue Sinneswandel im Atlantikpakt, wie der Druck gegen die Europäische Union von vielen Seiten kommt. Auch wenn die gegenwärtige Bündnis-feindliche US-Administration mit ihrer „Splendid Isolation" einmal zu Ende gehen sollte, darf sich die europäische Gesellschaft nicht ins Nichtstun verführen lassen, auch nicht von überzeugten „Transatlantikern". Das Kräftegleichgewicht würde sich in jedem Fall zugunsten anderer Narzissten der Macht verschieben.

Die europäische Innenpolitik ist immer noch von jenen Uneinsichtigen geprägt, die aus ihrer West-

Lastigkeit heraus versuchen, den östlichen Lungenflügel Europas zu vernachlässigen. Dadurch entstehen unnötige Spannungen auf dem ganzen Kontinent. Die Politiken und Völker innerhalb Europas dürfen nicht auseinanderdriften. Die Gesprächskanäle zwischen der Ost- und der Westhälfte gehören ausgeweitet. Kein Teilstück des europäischen Verbundes darf vernachlässigt werden. Derartige verhängnisvolle Fehler sind anschaulich aus der Historie der Donau-Monarchie erkennbar, die immerhin die vielen Völker einige Jahrhunderte lang vereint hatte. Am Ende wurden Teilbereiche benachteiligt. Doch darf die gegenwärtige europäische Krise nicht mulmig machen. Zwar sind alte Fragen wieder da, doch Geschichte

wiederholt sich nicht, das wäre ja auch langweilig.

Sie enthält aber Elemente der Warnung vor

Bedrohungen, die sich sehr ähnlich sind. Es geht

nicht um Panikmache, sondern um Antworten.

Wie wird doch in den europäischen Brexit-

Debatten bedauert, dass ein so großer Partner

wie England die Union verlassen könnte. Im

selben Atemzug wird vergessen, dass ein ebenso

bedeutender Partner im europäischen Gefüge

allein und unbeholfen stehen gelassen wird. Polen

ist eines der Gravitationszentren Europas mit

beständigem wirtschaftlichem Wachstum und

grundsoliden gesellschaftlichen Strukturen. Der

pathologische Nationalismus der gegenwärtigen

Regierung war bloß die Antwort auf das

Desinteresse der westeuropäischen Politik an der

lebenswichtigen Ost-West-Achse Europas.

Die waagrechte Achse Europas bestimmt die

senkrechte und umgekehrt. Für den

gesamteuropäischen Erfolg ist die

Aktionsfähigkeit um diese Achsen

ausschlaggebend. Um deren Rotationen herum

könnten sich die europäischen Blockaden und

Funktionsstörungen auflösen. Die

Verhaltensimpulse auf eine europäische Zukunft

werden entlang dieser Achsen generiert.

Deswegen müssten sich die Groß-Regionen

engagierter an gemeinsamen Projekten beteiligen. Partnerschaften entlang der Interessensachsen sind es wert, gepflegt zu werden. Da könnten sogar über die Grenzen hinaus ukrainische genauso wie russische Privatinteressen die Vernetzung stärken. Die gemeinsamen europäischen Technologie-Initiativen könnten weit über den französisch-deutschen Spiegelungen hinausreichen.

Der herausragende europäische Staatsmann de Gaulle sprach einst von einem „Europa vom Atlantik bis zum Ural". Vielleicht ist es einmal so weit. Solange aber Diktatoren mit Gewalt-Szenarien dagegen schießen, ist der Gedanke zumindest auf Eis gelegt. Die maßlose Aggressivität zeigt sich wieder einmal kontraproduktiv. De Gaulle sprach nie von einem Europa der Vaterländer, wie es heute ungebildete Nationalisten in Zitaten zu verfälschen suchen. Er selbst hat dies in einer Pressekonferenz kräftig dementiert.

Nicht zuletzt müssen die oberen Führungsetagen Gewaltambitionen rechtzeitig isolieren. Nur so kann die Kriegsgefahr aus den europäischen Gefilden gebannt werden. Ein Zuviel an Toleranz kann ungesund sein. Immer gefährlicher werden diejenigen Politiker, die immer noch „Sowjetunion spielen" wollen. Wie kommt man aus den propagandistisch brutal genährten Traumata heraus? Leider haben egozentrische Politiker in autokratischen Strukturen die Macht, Menschlichkeit und Menschrechte zu verletzen. Den Absprung schafft nur eine neu orientierte junge Politiker-Generation. Die Zivilgesellschaften müssen dies aber auch wollen und in Wahlentscheidungen unterstützen. Wenn die europäischen Bürger/innen in Gleichgültigkeit verharren, werden sie unweigerlich zu Zaungästen der Entwicklung. Sie stempeln damit den Fort- oder Rückschritt Europas zu einem Naturgesetz, was er nicht ist. Europa geht alle an, nicht zuletzt seine politischen Manager.

Die Groß-Thematik Sicherheit reicht bis in die Sphären der Unternehmen. Sie betrifft die Markensicherheit genauso wie den Mausklick im Internet. Die Materie der sozialen Gerechtigkeit wird den gesamten Kontinent abdecken. Sozialistische Vorbilder sind aber nicht das Wunschziel, hatten sie doch immer einen Negativ-Saldo. Sie haben stets das Bessere versprochen, aber Leid und Armut geerntet. Heutzutage beginnt es bei der Staatsverschuldung und endet erst recht in der absoluten Armut. Wirtschaftliches Chaos wird keine sozialen Probleme lösen. Soziale Ausprägungen sind an ökonomische Implikationen gebunden. Die soziale

Verantwortung gehört zum Management europäischer Politik.

Eine der wichtigen Missionen der europäischen Institutionen wird sein, die Arbeitslosigkeit möglichst in allen Units herunterzudrücken. Eine prosperierende Zukunft setzt auf Wissen und Forschung. Im Zeitalter des Internets sind es die Grenz- und Kontinent- überschreitenden Teams, die Erfolge einfahren. Europa selbst darf nicht nachlassen, seinen Ehrgeiz am intellektuellen Wettbewerb auszuleben. Seine eigene Wissens-Cloud ist wichtig für sein geistiges Bestehen. Auch dazu braucht es die organisierte Einheit des

Ganzen. Außerdem sollte europäische Know-how an der globalen Nothilfe ganz vorne beteiligt sein.

8. POLITISCHES MODELL NACHHALTIGKEIT

Es sind mehr Reize für die Wettbewerbsfähigkeit von Nachhaltigkeit zu schaffen. Sie setzt auf Ideenreichtum und Engagement. Deswegen ist eine bessere Qualifikation für Nachhaltigkeit auch in der Politik gefragt. Nachhaltigkeit ist nicht nur ein Effizienz-Konzept für die Wirtschaft und ihre Unternehmen. Sie ist ein Lebenskonzept für die Völker, eine Aufgabe für die gesamte Gesellschaft. Das Modell setzt auf nachhaltige Orientierung und auf ein langfristig ausgerichtetes Schaffen, das die Bedürfnisse und Chancen der heutigen und zukünftigen Generationen nicht beeinträchtigt.

Das Bewusstsein für Nachhaltigkeit ist in die Wirtschaft und in die Gesellschaft bereits weit vorgerückt. Welche Voraussetzungen gelten? Nie darf Beratung in Sachen der Nachhaltigkeit illegale Modelle entwickeln. Das wäre kontraproduktiv und grobfahrlässig. In einer globalisierten Welt sind die ethischen Commitments objektiv erfassbar und dementsprechend zu bewerten. Es gehört zur gesellschaftlichen Verpflichtung, selbst Fehler aus Unachtsamkeit rasch zu korrigieren. Alle anderen Hindernisse sind am Radar möglicher Gefahrenmomente rasch auszumachen. Ihre

Beseitigung gehört zur globalen Verantwortung europäischer Institutionen.

Warum werden Naturkatastrophen schneller und effizienter behandelt als Völkerwanderungs-Probleme? Wenn sich Großmächte auf den Ernstfall heftiger Veränderungen vorbereiten können, warum tut es Europa nicht? Bei Manipulationen der Systeme durch unerwartete Querschüsse könnte es zu einem Blackout der Gesellschaft kommen. Man ahnt wie unzureichend die Sicherungen sind, wenn das Internet zur Waffe wird. Die ersten Kassandra-Rufe ertönen, wenn Energielieferanten gehackt werden.

Welches sind die Ansprüche des Schutzes der Umwelt? Entwicklungspartnerschaften zur Erhaltung des Lebensumfeldes irgendwo auf der Welt machen nur Sinn, wenn sie global vernetzt sind. Die Selbstverpflichtung zu Aktionsprogrammen in den einzelnen kleinen Units ist davon nicht ausgeklammert. Im Gegenteil ist sie der Motor für interaktive Kreativität. Auch Tiere, Landschaften, also die Umwelt brauchen mehr Schutz. Den kann nur der Mensch gewähren, so wie auch er alles zerstören kann. Europa wird sich überlegen, welche Ressourcen wie und wo optimal einzusetzen sind. Geo-engineering und ökologische Maßnahmen gehören explizit in den Aufgabenkatalog politischer Verantwortungsträger. Allein schon deswegen ist eine ethische Vorreiterrolle der Europäischen Union für die internationale Entwicklung von Bedeutung. Nur in den Dialog zu treten, wird zu wenig sein. Die wirtschaftlichen Auflagen sollten nicht unterschätzt werden.

Der Wandel zur Nachhaltigkeit lässt sich beschleunigen, wenn die relevanten Situationen sachgerecht beobachtet und bewertet werden. Die Ergebnisse sind nicht für nebulose Sonntagsreden gedacht, sondern verlangen eine sinnvolle Nachbearbeitung. Ambitionierte Ziele werden am ehesten erreicht, wenn die langen Strecken in einzelne Etappen ernsthaft aufgeteilt sind. Der politische Wille zur Nachhaltigkeit braucht den gemeinsamen Nenner. Zielkonflikte sind vermeidbar, wenn der strategische Leitfaden stimmt. Ihn zu moderieren, ist Sache der professionellen Beobachtungs-Instanzen. Doch ohne das Commitment zu agieren, werden die Vorsätze im Sande verlaufen. In der Nachhaltigkeit ebenso wie in der Sicherheit gibt es viel zu viel Trittbrettfahrer ohne Einsatz, dafür aber mit erhobenem Zeigefinger. Dies ist kein gutes Signal für den inneren Zusammenhalt einer Gemeinschaft.

Nationalistisches und populistisches Beleidigt-sein müsste der funktionalen Objektivität der

Zusammenhänge weichen. Schuldzuweisungen gegen andere Regionen sind nicht zulässig. Wenn wir in Europa alle gleichzeitig von etwas ganz anderem reden, schadet es der so oft beschworenen Identität. Die Zersplitterung Europas in Bürger und Populisten oder gar in die konträren extremistischen Gruppierungen tut dem Kontinent nicht gut. Auch die dirigistischen Manipulationen werden an ihre Grenzen stoßen. Die europäische Innovationskraft könnte sich dagegenstellen und sich durchsetzen. Plötzlich auftauchende Probleme gehören unmittelbar an die dafür definierten Entscheidungs-Mechanismen zu adressiert. Um auf antieuropäische Reflexe mit intelligenten Antworten erfolgreich zu reagieren, braucht es ein subtiles Gesamt-Management.

Was bedeutet schon in der modernen Welt eine souveräne Nation? Die klassische Form des nationalen Regierens ist spätestens in den verheerenden zwei Weltkriegen ad absurdum geführt worden. Das politische Verhalten hat sich geändert. Europa muss sich auf Werte verlassen können. Mit dem Nationalismus wird der europäische Wohlstand zerstört und der Fortschritt der Völker Europas untergraben. Der Hang zur nationalen Dummheit ist auch in der politischen Klasse anzutreffen. Welche Konsequenzen erfahren die Bürger? Es sollte in

Europa unbedingt ein Monitoring für Rechtsstaatlichkeit, Nachhaltigkeit und globale Verantwortung eingeführt werden. Wie will man sonst etwas erreichen, wenn die Informationen fehlen? Verabschiedet sich die Zuverlässigkeit, verabschiedet sich die Sicherheit und der Gewinn.

Zerreißt sich die politische Welt in Populisten und in die noch freie Zivilgesellschaft zu einer bedrohlichen Konfrontation? Den überall aufflammenden Umsturz-Gedanken wird am besten begegnet, wenn man sich intensiv um die Themen bemüht, die den Bürgern Sorgen bereiten. Wenn man sich für die Alltagsrechte einsetzt, treten automatisch die großen Themen hervor. Dem Populismus begegnet man am besten mit Strategien des Schutzes der Gesamtbevölkerung. Die Chance ist gegeben, die Vorgangsweisen aus dem Dunkel der verfälschten Meinungen heraus zu hieven. Sie müssen transparent gemacht werden. Die Öffentlichkeit wird sie diskutieren. Das Höchstmaß an Emotion muss von der Problembewältigung ferngehalten werden. Wie positionieren sich die politischen Akteure? Fällt das Assessment negativ aus, entsteht erst recht ein neues Problem. Eines wird sich unverkennbar herauskristallisieren, die dominante Sichtbarkeit von Qualität und Nachhaltigkeit.

Die europäischen Institutionen werden insbesondere auf die Schwächen eingehen müssen, die in der Mittelschicht Ängste hervorrufen. Nur wenn die Mittelschicht gedeiht, geht es auch dem unteren Drittel der Bevölkerung gut. Die mittlere Gesellschaftsgruppe profitiert wiederum dann, wenn sich der obere Part dafür verstärkt einsetzt. Wer sieht das schon ein? Talk-Shows könnten schon ein gutes Instrumentarium in der öffentlichen Meinungsbildung abgeben, um das mittlere Segment in den Fokus zu rücken. Nur brechen sie allzu oft an der inhaltlichen Diskurs-Qualität ein. Auch Zukunftskonferenzen und Diskussionen mit gesellschaftlichem Hintergrund erfordern eine qualitativ hochstehende

Moderations-Begleitung.

An diese Art von Outsourcing haben die Fernsehanstalten offensichtlich noch nicht gedacht. Sachverhalts-Darstellungen dürfen selbst durch gute Rhetorik nicht verfälscht werden. Die Verbindung zwischen Propaganda und politischem Aktionismus lässt sich leicht aufdecken. Die Regierungspraxis so mancher Staatschefs stellt es leider immer wieder unter Beweis. Um inhaltliche Transparenz zu demonstrieren, gibt es genügend Methoden und Techniken. In den modernen Netzwerken finden sie das ergänzende Follow-up.

Immer wieder wird es notwendig sein, Inventur zu machen. Die politischen Institutionen sind greifbar geworden. Evaluierungs-Experten müssten in ihren Bewertungen eigentlich Objektivität garantieren können. Wenn Europa sich selbst sucht, muss es erkennen, wie es seine Strukturen solide festigt. Warum sollten Europäer keine eigene Meinung aufbauen? Für uns alle ist es besser, wenn Täuschungen in der freien Wirtschaft und in der Politik beseitigt werden. Der Auftrag zur Evaluierung wird klar. Kontrollverlust bedeutet, dass man die Probleme nicht mehr im Griff hat. Wo bleiben also die Ratings?

9. VOM SICHERHEITSDENKEN

Vor allem fordern die europäischen Bürger Schutz und Sicherheit und dies primär für ihr eigenes Territorium. Die Gewährleistung dafür beginnt allerdings außerhalb des Hauses Europa. Absicherung beginnt mit einer subtilen Politik außerhalb seiner Grenzen. Die Schaffung der Sicherheitsstrukturen kann nicht der Endpunkt eines Systems sein. Sie müssten gleich am Anfang einer gemeinschaftlichen Entwicklung errichtet werden. Präventive Aufklärung beginnt damit, dass man Szenarien-basiert plant und sich gegen Bedrohungen vorbereitet.

Die Zivilgesellschaft hat ein profundes

Sicherheits- und Vertrauensbedürfnis. Darum

wird sich die Europäische Gemeinschaft an der

innovativen Leistungsbereitschaft entlang hanteln

müssen. Das europäische Sicherheitssystem

verlangt eine eigenständige europäische

Industriebasis. Die europäischen Einsatz-Gruppen

gehören gut ausgerüstet und müssen auf Abruf

natürlich auch verfügbar sein. Alles andere würde

in reine Sandkasten-Aktionen versinken. In die

Fähigkeiten zum Schutz der europäischen

Bevölkerung und zur Verteidigung europäischer

Interessen ist viel zu investieren. Die in

Sicherheitsfragen grassierende Ineffizienz muss

durch Fortschritte in der strukturierten

Zusammenarbeit bereinigt werden. Sie beginnt bei der Harmonisierung der nationalen Beschaffungsprozesse. Die Sicherheitskonzeption könnte dann europaweit mit der Bündelung der Einsatzkräfte und des Sicherheits-Managements gelingen.

Das Engagement für Sicherheit steigt. Nur zu taktieren, um Zugeständnisse zu erreichen, führt zu keinem positiven Output. Ungeschickte Schachzüge können sogar Fundamente einstürzen lassen. Die über die Zeitgeschichte hinweg geltenden Regeln des Spiels mit den Potenzialen sind nicht außer Kraft gesetzt. Sie folgen dem Verhältnis von Beeinflussung und zwingender

Diplomatie, von Abschreckung und dem Anreiz zum Einlenken, von Zwang und Zurückhaltung. Sie alle sind Elemente der praktizierten Spieltheorie. Klar, dass aus der Position der Stärke, besser verhandelt werden kann. Das lässt sich nutzen, auch im Interesse des Friedens. Man kann nicht auf der einen Seite vollmundig damit prahlen, den Terrorismus bekämpfen zu wollen und gleichzeitig ganze Bevölkerungen ausrotten. Den Staatsterrorismus pur gibt es zu Hauf. Was zählt, ist die Effizienz. Wenn sämtliche Versuche zum Dialog an Grenzen stoßen, beginnt die Verpflichtung zu reagieren. Wollte man dies leugnen, wäre Geschichte umsonst gewesen.

Die intelligente Entscheidungsfindung in der transnationalen Politik hängt vom internationalen Verhalten ab. Dort treffen oftmals autoritative Prinzipien auf demokratisch basierte Grundsätze. Die kleinen Nationalismen haben auf der Weltbühne ihr Pendant in der Großmachtrivalität. Wenn Hardliner die Oberhand gewinnen, brennt wieder einmal die Welt. Im Finalspiel werden sich hoffentlich die Kosten-Mechanismen der Vor- und Nachteile durchsetzen.

Die politischen Player täten gut daran, sich situationsbezogen auf Beratung einzulassen. Natürlich entscheiden sie aus individuellem Antrieb, was von keinem der Mitspieler unterschätzt werden darf. Demokratisch geprägte

Persönlichkeiten dürfen sich keinesfalls von

autokratischen Gegenspielern in die Enge treiben

lassen. Das ist unnötig und bisweilen höchst

gefährlich. Die beste Entscheidungsfindung erfolgt

im gegenseitigen Einverständnis. Davon hängen

die neuen Konzepte ab. Charismatische

Persönlichkeiten haben gelegentlich ihr

Strategiebewusstsein mit Autorität auszuspielen.

Der politische Alltag darf die politischen Visionäre

nicht zermürben.

10. INTERNATIONALE MASSSTÄBE

Werte und Völkerrecht sind höher einzustufen als wirtschaftlicher Gewinn. Dazu zählen auch die Folgen politischer Implikationen.

Wirtschaftsprojekte sind oftmals mehr als sie prima-vista scheinen, sie verknüpfen sich mit politischen Problemstellungen. Die politische Verknüpfung gehört zum wirtschaftlichen Wohlergehen Europas dazu, selbst wenn es sich bei konzertierten Maßnahmen manchmal schmerzlich anfühlt. Das sollten sich Firmenbosse auf ihre Fahnen schreiben.

Menschenrechtsverletzungen und Korruption hat

die Wirtschaft genauso zu interessieren. Daran vorbeischauen entspricht nicht dem Prinzip von Nachhaltigkeit. Die Wirtschaftskapitäne sind in die globale Verantwortung mit einzubeziehen. Genauso wie die politischen Entscheider haben sie zur Kenntnis zu nehmen, dass es nicht mehr zeitgemäß ist, im Zustand der Banalitäten dahin zu werken. Gerade in den übernationalen Entscheidungs-Gremien wird verlinkte Management- und Politik-Verantwortung gefordert sein.

Die weitreichende Zusammenarbeit lässt sich vorzüglich aus gut moderierten Zukunfts-Konferenzen heraus steuern. Wenn bei

Abkommen mit anderen Kontinenten ökonomische, politische und gesellschaftliche Umwälzungen mit einkalkuliert werden, erweisen sich die Anforderungen an die verhandelnden Personen immer komplexer. Denn sie umfassen die gemeinsamen Themen von Privatwirtschaft und Politik. Es wird auf die wechselseitig beeinflussende Kompetenz in der Methodik ankommen.

Wenn man bei Debatten zur Sicherheit die Argumentations-Orgien linker Oppositionen hört, könnte man glauben, dass es überhaupt keine Bedrohungsszenarien gäbe. Die Gegenargumente sind schnell gefunden. Da gibt es zunächst einmal die atomare Bedrohung. Denn große Demagogen

scheuen sich nicht, gleich mit nuklearen

Antworten auf konventionelle Attacken zu spielen.

Gerade die russische Führung rühmt sich ihres

inzwischen von der Ukraine erschlichenen

Atompotenzials. Klar, dass die andere Seite mit

noch stärkeren Waffen zu antworten bereit ist.

Wie viel Atomsprengköpfe gibt es auf der Welt,

die gezählten und dann die ungezählten? Die

nukleare Bedrohung ist wieder da. Reagiert man

ängstlich oder schlau? Die Rüstungskontrolle

steht wieder einmal auf sehr wackeligen Beinen.

Was macht Europa bei einem Raketenangriff?

Wieder einmal leiden und erdulden? Was wird mit

Prävention umgegangen? Raketenangriffe gibt es

ununterbrochen, sogar in der gar nicht so weit entfernten Nachbarschaft Europas. Nicht immer bleibt es nur bei Androhungen und Ankündigungen. Plötzlich explodiert die magische Ungeduld.

Wer will leugnen, dass sich geopolitische Störungen urplötzlich entladen könnten. Dahinter stecken oft radikale Konstruktionen von Ideologien oder Machtgelüste einzelner Leader oder ganzer Cliquen. Konflikte sind sehr schnell herbei gezaubert. Das ist eine unleugbare Erfahrung aus der Geschichte bis in die letzten Minuten der Gegenwart. Interessensunterschiede nur über Machtbalance auszugleichen, wäre keine europawürdige Lösung. Ein resolutes Eingreifen wäre dringend notwendig. National geprägte Politiker werden immer davor zurückschrecken, sich um die Nachbarschaft Europas zu kümmern. Doch dann könnten die Krisen bald an die eigenen Haustüren klopfen.

Augenfällig ist, wie Nationalisten in ihrer Weitsicht eingeschränkt sind. Im Zeitalter der Globalität und der rasanten technologischen Umwälzungen mit den damit einhergehenden Gefahren müssten sie eingestehen, dass ihre Gesinnung überholt ist. Ohne übernationales Perspektiven-Management sind politische Katastrophen unausweichlich. Aus globaler Sicht kann es gar keinen geopolitischen

Zustand von Nationalstaaten in Europa geben, sondern nur einen europäischen.

Ist Europa für humanitäre Katastrophen oder sonstige folgenschwere Unglücksereignisse gerüstet? Stehen Mittel und Organisationsformen zur Verfügung, die schlimmsten Schäden zu dämpfen? Alle durchgespielten Szenarien müssten doch darauf hinweisen, dass nur konzertierte Aktionen unter gemeinsamer Führung erfolgreich sein können. Humanitäre Desaster irgendwo in der Welt, womöglich verursacht durch externe Einmischung fremder Despotien, können nur über Einigkeit im Handeln gestoppt werden. Wie will Europa bei Geiselnahmen agieren? Was tun bei einem terroristischen Höllensturm auf Europa? Die Gefahren weiten sich in neue Dimensionen aus. Gibt es Konzepte für eine gemeinsame Abwehr? Fürchtet man sich vor Terror-Eskalation oder ist man darauf vorbereitet, mit ihr fertig zu werden? Die politischen als auch die ideologischen Zielsetzungen des Terrorismus sind unverkennbar. Wie werden die Abwehr-Strategien gezeichnet? Je komplexer das Problem wird, umso intensiver muss an den Antworten gearbeitet werden. Jede Organisationsform des Verbrechens braucht als Gegenpart die gemeinsam organisierte Abwehrkraft, um sich zu schützen.

Bei Korrumpierung politischer Systeme können nur überregionale Institutionen Schutz bieten. Der Europäische Gerichtshof bietet einigermaßen Garantien gegen rechtlose Willkür. Rechtliche Schutzmechanismen sind bei einem übernationalen Gericht am besten aufgehoben. Die besondere Bedeutung fällt ihm bei der Wahrung der Menschenrechte zu. Nationalstaatliche Despotie scheint sich ja in manchen Entitäten wieder breit zu machen. Es gibt genug Paradebeispiele aus der Moderne, wie aus der Kombination von Macht-Verfilzung und Korruption schwer zu behandelnde Missstände entstehen.

Im Finanzwesen haben Banken- und Finanzaufsichten ihren Stellenwert im europäischen Maßstab. Warum nicht analog Kompetenzen auf steuerliche Agenden ausweiten? Besteuerung in den einzelnen EU-Ländern kann nur fair erfolgen, wenn sie auf gesamteuropäischer Ebene aufgestellt ist. Es ist wiederum die nationalstaatliche Borniertheit, die sich dagegen stemmt. Davor sind auch langlebige Kanzlerschaften nicht gefeit. In den kleinkarierten Strukturen erstickt der Fortschritt. Offensichtlich ist die Angst zu groß, sich mit den Spielregeln der Internationalität auseinanderzusetzen. All diese Punkte eines natürlichen Empfindens für die Weiterentwicklung sollten die Wähler bei ihren

Wahlentscheidungen mit ins Kalkül ziehen. Man lässt sie leider im Unklaren über die Vorzüge regional verbindender Regelungen. Ist das Absicht oder gar schon Manipulation?

Der Aufstieg gewaltbereiter politischer Gruppierungen stellt einen Bedrohungs-Faktor für die Zivilgesellschaft dar. Ob es islamistische Zusammenschlüsse, links- oder rechtsextreme Parteien oder gar im Untergrund agierende mafiose Vereinigungen sind, sie beginnen alle mit einer sehr subtilen und sanften Vorgangsweise, bevor sie die wahren Absichten aufblitzen lassen. Tabubruch ist das, was letzten Endes hervorlugt. Die bestehenden Gesellschaftsstrukturen sollen umgekrempelt werden. Was dabei heraus-schaut, haben zuletzt der ‚Islamische Staat' oder andere Terrororganisationen lebhaft vorexerziert. Diese aufrührerischen Formen der Gesellschaft kommen mit der Modernisierung und mit dem Wandel in der Welt nicht zurecht. Aber auch da gilt, wehret den Anfängen.

Krisengeschüttelte Staaten oder Personen sind auf Umstürze, auch wenn sie anfangs schleichend erfolgen, besonders anfällig. Unguter Aktionismus macht sich breit. Die Spaltung der Zivilgesellschaft wird zur Lebensmaxime. Man wird sehen, wie es ausgehen wird.

Lösungsansätze am europäischen Kontinent, dass

es nicht zur äußersten Katastrophe kommt, kann nur ein überregionales Management herstellen. Haben das die Bürger/innen übersehen, bevor sie zu den Wahlurnen gehen?

Noch leicht utopisch anmutend, aber gar nicht so realitätsfern sind die Möglichkeiten, ganze Infrastrukturen zu beschädigen oder zu zerstören. Die Übergriffe haben ihren Ursprung in verwirrten Subversionskulturen. Zunächst beginnt man Gerüchte und Falschmeldungen zu verbreiten, Nachrichten zu unterdrücken oder zu verfälschen. Als perfektes Medium dienen dazu die sozialen Netzwerke. Die Internetwelt offeriert alle nur erdenklichen Ansätze, die kriminelle Energie auszuleben. Angefangen von der organisierten digitalen Identitätsfälschung bis hin zum groß-angelegten Cyber-Krieg ist die Gefahren-Palette bedrückend groß.

Die heimtückische Kriegsführung der Moderne beginnt mit Auseinandersetzungen im virtuellen Raum, mit Falschinformationen, mit dem Leugnen von Fakten. Sie geht über in Betrug, Hacking und Einmischung in fremde politische Angelegenheiten. Angriffe im Netzwerk machen die neuen Formen der Kriegsführung aus. Es könnte soweit ausufern, dass wichtige Funktionen wie die Kommunikation, das Finanzsystem oder die Energie- und Wasserversorgung geblockt werden. Auch da kann sich Europa nur mit vereinten Kräften schützen, nationaler Alleingang wäre illusorisch. Die vereinten Schutzmaßnahmen beruhen auf einer funktionierenden gemeinschaftlichen Organisation. Die Strukturen sollten schon im Vorhinein miteinander verlinkt sein, denn so plötzlich kann zum Schutz nicht interagiert werden. Die Prämissen, die ein gemeinsames Europa seinen Völkern abverlangt, sind also erkennbar! Die Vorteile der Einheit sind überdimensional größer in der Relation zu den massenweise drohenden Gefahren. Europa ist regelrecht verpflichtet, sich einfach zu einem Gesamt-Organismus zu vereinigen.

Wie will Europa seine Außengrenzen schützen, wenn es am Willen zur eigenen Sicherheit mangelt? Das dümmste aller Argumente versteckt sich hinter dem Deckmantel des Entzugs an Souveränitätsrechten. Die Angst vor dem Verlust lokaler Steuerung ist realitätsfremd. Ein Fleckerlteppich einzelner Nationalitäten würde an seiner nach allen Seiten offenen Schwäche zerfleddern. Als nationale Läufer hätten sie kaum ein Mitspracherecht in den elementaren Dingen des Lebens. Parzellierung demontiert die Gesamtheit. Übrig bliebe die Alternative, sich in amerikanische, russische oder gar chinesische Obhut zu begeben. Eine derartige Vasallenstrategie bedeutet Abhängigkeit, bei weitem keine Sicherheit. Bündnispartner scheren sich kaum um jemanden, wenn die eigenen Interessen im Wege stehen. Diese alte Weisheit ist bis in die ältesten Zeiten der Geschichte verfolgbar. Negiert die Wählerschaft etwa die großen Ellenbogen-Firmen wie Russland, China, USA, wenn sie rücksichtslos ihre Vorteile auskämpfen? Befinden sich die Supermächte auf Kollisionskurs, wo steht da der europäische Kontinent? Europa läuft Gefahr ineffizient dazustehen. Liegt es an intellektueller Faulheit oder an Unfähigkeit?

Die Europäische Union wäre dazu prädestiniert, einen wohl temperierten gemanagten

Internationalismus vorzuexerzieren.

Abschottungstendenzen gibt es überall auf der Welt, ob in Indien, in Pakistan, in Südamerika oder sonst wo. Sie gehören schonungslos aufgedeckt und eingedämmt. Nicht zuletzt bei den internationalen Konstellationen hilft ein empirisches Monitoring, die Verzerrungen offenzulegen. Wenn Politik sich nicht mehr an Daten und Fakten halten will, muss die Öffentlichkeit davon erfahren. An der europäischen Öffentlichkeitsarbeit muss noch gefeilt werden, sie ist noch.

11. CONSULTING & COACHING DER POLITIK

Wenn Politik die Sicht von außen nicht verlieren will, werden die Akteure auf das Instrumentarium des Coaching zurückgreifen. Zur Beratung gehört die Fähigkeit, sich in die Rolle des Anderen zu versetzen. Dies ist für Verhandlungen eine unverzichtbare Voraussetzung, um sich durchsetzen zu können. Gewöhnlich stoßen Reformmaßnahmen auf Widerstand und die Spielräume sind schnell begrenzt. Da hilft es, wertvolle Hinweise zur Stimmungslage zu bekommen. Nur wenn Politiker wissen, was die anderen denken, wie sie leben, was sie wollen, werden sie auch das Vertrauen für eine Partnerschaft der gemeinsamen Gestaltung erhalten.

Der Trend zu modernen Bewegungen ist vorhanden. Nur, wie werden sie gemanagt? Um nicht aus dem Rhythmus zu kommen braucht es das tagtägliche Coaching. Da geht es um mehr als um die bloße Standortbestimmung. Die Öffentlichkeit kann nicht abrupt mit den Gepflogenheiten der verkarsteten Parteien brechen. Doch das Coaching neuer Bewegungen hat die besondere Aufgabe, den Optimismus auf die Veränderung, auf Zukunft aufrecht zu erhalten. Die Kernaussagen sind fachgerecht aufzuarbeiten. Die Ideen methodisch zu untermauern und sie besonders schmackhaft zu machen, verlangt die fachgerechte Stilisierung der wesentlichen Inhalte. Was die Entwicklung hemmt, wird auf seine Bedenklichkeit hin analysiert. Entsprechend moderner Publizität sind die Ergebnisse sofort publik zu machen.

Politische Player sehen ihre Verantwortung unklarer, je näher sie dazu stehen. Der weise Blick auf das politische Geschäft des Alltags wird von außen geschärft. Es ist nicht die Aufgabe der Consultants zu gestalten, aber zu helfen, wie die politischen Wettbewerbsszenarien besser überblickt werden. Sie sollten in der Lage sein, neue strategische Orientierungen präzise zu formulieren. Sie helfen, die Authentizität der Akteure zu festigen. Sie haben den Überblick über die Potenziale, um zu den Dringlichkeiten zu raten. Sie verweisen auf die Möglichkeiten, Prozesse zu erneuern. Sie geben den Verantwortlichen die Sicherheit im Vollzug. Wehe, wenn sie unwissend sind und versagen.

Nach einem ernsten Consulting-Briefing genügt es nicht, ein Pokerface aufzusetzen und nichts zu unternehmen. Etwas nicht kommen sehen und nicht reagieren, sind zwei verschiedene Paar Schuhe desselben Verhängnisses. Vor allem bei ethischen Standards dürfen keine Augen zugedrückt werden. Es gibt Items, die können nicht so einfach mir nichts dir nichts geschönt werden. Nicht die Zahlen sind zu berücksichtigen, sondern die Zustände. Es wird gefährlich, wenn die Beratenen oder Geprüften sich überfordert sehen.

Politiker/innen sind hilflos der öffentlichen Meinung ausgesetzt, wenn die Macht-Komponenten falsch beurteilt wurden. Der Erfolg hängt davon ab, wenn man weiß, welche Mittel zur Verfügung stehen. Stets sind die Konkurrenzfelder abzugrasen. Berater müssen Meister darin sein, aus den Vorgaben der Spieltheorie, die richtigen Schlüsse zu ziehen.

Und es gibt die Schnittstelle von strategischer Beratung und persönlichem Coaching. Denn der Kurswechsel zu neuen Programmen spielt sich sowohl in der Mengenlage der Realpolitik als auch in den Köpfen der Akteure ab. Wer die besten Berater zur Hand hat, hat auch die besten Karten im Spiel der Politik.

12. ASSESSMENTS UND RE-DATING

Assessments dienen der Potenzial-Auffrischung. Wenn der Zusammenhang zwischen Evaluierung und operationellem Coaching perfekt hergestellt ist, werden nicht nur die Projektpartner zufriedengestellt. Auch die Öffentlichkeit wird es honorieren. Zeitverlust führt nicht allein zum ökonomischen Abschwung, auch zum gesellschaftlichen. Zu spät ist die Reaktion dann, wenn Warnsignale fahrlässig übersehen worden sind. Assessments sind Seismographen der Neugierde. Ihr Ziel muss es sein aufzuzeigen, wie die

Möglichkeiten des politischen Tuns bestmöglich ausgereizt werden. Es rentiert sich, auf Kontrolle zu setzen.

Die jeweiligen Matrizen zur europäischen Lage zeigen, wo die Unterschiede in den Feldern der politischen Produktivität liegen. Es gehört zum politischen Management, die Austauschprozesse auf einem hohen Niveau zu halten. Das sichert die Aussicht auf generellen Wohlstand der Bevölkerungen. Ein Vergleich mit den paar Prozent Vorzeigeaktionen, genannt Bench-Marking, reizt zur Nachahmung. Vielleicht gelingt es, die politischen Zyklen in Europa anzugleichen, auch wenn sich die

Momente nicht immer decken. So werden die Entzündungsherde von Überschuldung rechtzeitig am Radar erkannt. Sie sind die Ursachen für die ökonomischen Schwächen in einzelnen Ländern, die dann alle in ganz Europa treffen.

Die Vergleiche müssen sich nicht ausschließlich auf faktische Ergebnisse konzentrieren. Die politischen Inhalte, Texte, Vorschläge, Persönlichkeiten sind ebenso vergleichbar. Lediglich das Zeitfenster wird zum kritischen Element. Tatenlosigkeit, Desinteresse, Unentschlossenheit führen zu Ineffizienz. Die Interessen zu kombinieren nicht auseinanderzureißen, das schafft überzeugende Ergebnisse.

Ratings, Zukunftskonferenzen, Performance-Diagnostik, Staff-Assessments sind allesamt nützliche Instrumente, um nicht nebulos zwischen den Konflikten herumzuirren. Die Chancen auf Zukunft gehören analysiert, diskutiert und umgesetzt. Der Pfad der Zukunft von Politik führt durch Management, auch wenn es manchmal unkonventionell sein kann. Die Bewertungen und Erkenntnisse ergänzen sich gegenseitig.

Die Politik braucht Ergebnisse, um beim Publikum Akzeptanz zu bekommen. Nichts über die möglichen Auswirkungen zu wissen, kann orkanartige Turbulenzen verursachen. Die Gelegenheit zur Entscheidung sollte nicht verpasst werden. Alternative Szenarien zu finden, ist nicht mehr eine Sache der Lotterie-Treffer. Es gibt antizipierbare Situationen und solche, die nicht vorweggenommen werden können. Aber auf alle ist bestmöglich zu reagieren.

Europaweite Informations-Services binden die Öffentlichkeit in den Fortgang der politischen Prozesse ein. Da wird es auch nicht uninteressant, welche Instanzen aufgrund von politischem Miss-Management Mist bauen. Objektivität und Commitment sind unumstößliche Voraussetzungen des seriösen politischen Jobs. Die politischen Aktionen spielen sich auf vielfältigen Plattformen ab. Zusätzlich ist es relevant, den persönlichen Einsatz der politischen Akteure zu bewerten. Qualifikation ist das messbare Kriterium. Es lässt sich ablesen, wie schnell bestimmte Entscheidungsträger lernen und besser werden. Die Gesamt-Analyse ist eine Kombination von Rating und Coaching. Die Wertigkeiten können nicht vom politischen Management selbst bestimmt werden. Die Sachverhalte erhalten nur über messbare Daten eine objektive Erklärung. Welchen Nutzen erwartet man sich genau? Das Verständnis für manch bitter anmutende Maßnahmen ist systemgerecht zu kommunizieren. Das muss eine Gesellschaft aushalten können, sonst ist sie nicht reif genug für den Sprung nach vorne.

Auf dem politischen Ideen-Markt ist die subjektive nicht zu vernachlässigen. Die Weltanschauung intellektuelle Performance kann vieles in der Aufarbeitung von Problemen aufwerten. Kein politischer Player kann sich entziehen, seine Skills hervorzuheben und sie ständig zu verbessern. Innovations- und

Ausdauer-Merkmale sind signifikante Kennzeichen persönlicher Leistung. Sie sind messbar, auch optimierbar.

13. EU-POTENZIALE

Die Europäische Union braucht unbeirrbar im stetigen Rhythmus neue Lösungs-Optionen. Skandalisierungen, Umweltkrisen, nie endende Drohpotenziale werden das politische Europa in den nächsten Jahren und Jahrzehnten beschäftigen. Wie wird der Kontinent damit fertig? Wissen darüber seine Bürger/innen Bescheid? Und was glauben sie, was das Beste für sie ist? Sind sie schon so weit zu erkennen, wie wichtig ihr Wahlgang sein kann? Es liegt also die Entscheidung letztendlich doch bei den Völkern selbst.

Doch fragwürdig ist der Zustand, dass trotz aller Beschwörung von Freizügigkeit der Person, Menschen nicht automatisch überall in Europa abstimmen dürfen. Bürger, die eine Ansicht vertreten, dürfen sie nur restriktiv an bestimmten Urnen abgeben. Wie soll man für etwas eintreten, wenn man daran gehindert wird, nur weil man gerade den Aufenthaltsort an einer anderen Stelle hat? Es müsste doch ein elektronisches Verwaltungssystem garantiert sein. Wo bleibt die technologische Entwicklung einer elektronischen europäischen Wahlkarte?

Wie verschieden ist aber ihr Informationsgrad. Von der Beeinflussung durch despotische Regierungen, über die Lauheit in den Wohlfühldemokratien bis hin zu den von Armut durchschüttelten Regionen ist die Motivationslage unterschiedlicher wie sie nur sein kann. Die Grund-Bedürfnisse müssten, zumindest gestaffelt, auf einen gemeinsamen Nenner gebracht werden können. Was alle Betroffenen schätzen, ist Sicherheit und Wohlergehen. Also sollten sie ihre Peilung in diese Richtung einstellen. Information ist kein Luxus, die Jagd nach Information ist immer spannend. Es muss die Sehnsucht geben, zu wissen, was in der Europäischen Union vor sich geht.

Ob es nun um Einkommens- und Vermögens-
gerechtigkeit oder um die Krise der Demokratie
geht, sind denn die Zielgruppen im Wahlmodus
wirklich untereinander inkompatibel? Die
Verhaltensimpulse zur Lebensqualität lassen
sich generell politisch aufarbeiten. Politiker und
Öffentlichkeit haben diesem Kontinent
gegenüber eine Verantwortung. Sie lässt sich
nicht so einfach in Desinteresse oder Revolte
abschieben. Das Gemeinwesen ist ein
europäisches, das sollte die zentrale
Vorstellung sein. Steht womöglich Ordnung,
Harmonie und Friede wieder einmal auf der

Kippe? Einmal verwöhnt, reißt dann das Bild vom Frieden die Menschen an der Basis überhaupt noch vom Hocker? Die Bürger/innen sind es doch, die die Mehrheiten ermöglichen. Also muss man sie mit Handfestem überzeugen. Was versprechen uns welche Hierarchien und welche Machtstrukturen? Welches Lösungs-Angebot dem jeweiligen Potenzial zugeordnet ist, sollte erkennbar sein.

Die Herausforderung auf diesem Kontinent besteht darin, die politischen Ideen europäisch zu betrachten und dies nicht einfach in einer lässigen Art, sondern punktuell zu jedem Problem. Mit solcher Ratio wird vieles allein schon aus der Emotion heraus stichhaltig. Sie wird mit ihren Vorzügen in jeder Zielgruppe Anklang finden. Orientieren wir uns doch an der Praxis und denken uns die Konsequenzen aus, welche Ausrichtung, welche Folgen jede Umsetzung hätte. Auf welche Denkmuster stoßen wir, wenn wir das Nationale, das Fanatisierende, das Links- oder Rechtsextremistische Revue passieren lassen? Solches Störungsverhalten kann eine Gesellschaft zerreißen. Sie muss nach den relevanten Zielen Ausschau halten. Welche Bedürfnisse finden sich von welchen Versprechen abgedeckt?

Als die Schlagbäume an den Grenzen aufgehoben wurden, als sich die europäische Jugend der Welt öffnete und neue Inhalte lernte, lag die wirtschaftliche Schwäche Europas nach dem Weltkrieg schon weit zurück. Die Hoffnung auf ein Vereintes Europa bot den nationalen Protestzuständen die Stirn. Die positiven Zusammenhänge spiegelten sich in Kultur, Forschung und technischem Fortschritt wider. Es gibt auf dem Globus nichts Vergleichbares zum Phänomen der Europäischen Union.

Europa ist ein Kontinent bunter Vielfalt, der aus seiner Diversität heraus nur durch eine gemeinsame Identität über Wasser gehalten werden kann. Er zeichnet sich durch höchste Buntheit bei gleichzeitig einheitlichem Grundton aus. Die ihm innewohnenden Werte sind nur über Einheit realisierbar. Die wirtschaftliche und die kulturelle Stärke sind dabei hilfreiche Faktoren. Darin liegt viel Hoffnung nicht nur für die eigenen Bewohner, sondern auch für andere Länder auf diesem Globus. In der Einheit profitiert Europa von anderen ferneren Kulturen.

Es braucht den inneren Zusammenhalt, um die historisch erarbeiteten Werte weiterzugeben. Die Europäische Union ist sich dieser

Positionierung anscheinend noch gar nicht so richtig bewusst. Vielleicht deswegen, weil sich so viele Entscheider allzu gerne in ihr Schneckenhaus verkriechen möchten. Doch die Garantie des Weckduckens gibt es nicht, sie ist Illusion. Auch die schroffe Abgrenzung nach außen wird nicht bekömmlich sein.

Am eigenen Selbstvertrauen hat die Europäische Union noch viel zu feilen. Die Wahrnehmung von sich selbst sollte ihre Vorzüge zum Vorschein bringen. Verantwortung und Selbstkontrolle stärken die Kompetenzen. Emotionen und Bedürfnisse machen den Diskurs aus. Will man die Zusammenhänge überall gleich gut verstehen, bedarf es ständiger Informationen über die politischen Prozesse. Andernfalls würden sich die Spaltungen vertiefen. Also sollten die Sub-Systeme kontinuierlich auf Effizienz, aber auch auf Bedenklichkeit überprüft werden.

Worin besteht das Management einer europäischen Politik? Die Prämissen einer optimalen Chancenauswertung sind bereitgestellt. Mit professioneller Entscheidungsleistung wird sie herauskristallisiert und in den Mainstream eingeführt. Das ist kein Mythos, es gehört zur politischen Tagesarbeit und hat seinen wirtschaftlichen und gesellschaftlichen Stellenwert. Jedes neues Denkmuster löst naturgemäß Widerstand aus. Die Bemühungen werden nicht umsonst sein, wenn dadurch die Rahmenbedingungen für ein Change-Management geschaffen werden. Die Ressourcen zur Optimierung des europäischen Status gehören geklärt. Mit den nötigen Kompetenzen versehen wird der Weg zur Zielerreichung freigeschaufelt. So entsteht aus einem generellen Prinzip ein authentisches System, das sich mit den Mitteln der Selbststeuerung aufrechterhält. Schon lange bemüht man sich in den europäischen Institutionen, die Entscheidungswege schlanker zu gestalten und für eine bessere Infrastruktur zwischen den Regionen zu sorgen. Immerhin hat das europäische System weniger Bürokratie-Aufwand als viele Großstädte oder gar alle Nationalstaaten. Die Interaktionen im globalen Umfeld vertiefen sich.

Es ist notwendig, die Gesamt-Identität mit den Bedürfnissen der einzelnen Substrukturen in Einklang zu bringen. Eine europäische Eigenverantwortung und Identifikation bestimmen das politische Agieren. Gelangweilt und kalt an die Sache heranzugehen wird nicht helfen, die strategischen Konzepte umzusetzen. Den politischen Herausforderungen begegnet man am besten mit einem Mix aus Verve und Know-how. Werden die realen Vorteile herausgearbeitet, kann der Tyrannei der einzelnen Nationalismen begegnet werden. Europa ist legitimiert, Macht darzustellen.

14. Europäische to-do-Konzepte

- Die Verfasstheit des europäischen Kontinents steht noch im Regen. Das Steuersystem, die Umweltproblematik, die Klimathemen und die Erfüllung der Sicherheitskriterien stehen vorne an, um angegangen zu werden. Die Unzulänglichkeit menschlicher Beschlüsse lässt sich im politischen Prozess idealerweise über qualifizierte Mehrheiten minimieren. Dazu müsste sich das Europäische Parlament endlich durchringen. Europa braucht dringend die Festlegung seiner Verfassung, die ja schon vor Jahren einmal ausgearbeitet worden ist. Und zur tragenden Säule der Volkssouveränität, dem Wahlrecht: wählen europäische Bürger ihr Parlament, müssten die Wahllisten transnational, also rein europäisch sein.

- Was ist die Aufgabe der EU-Politiker? Vordergründig haben sie die kollektiven Bedürfnisse der europäischen Völker zu befriedigen. Werden die Visionen aufgeweicht, wird sich vieles falsch anfühlen. Es wird wohl die fehlende Entschlossenheit sein, die im Wege steht. Gesamtgesellschaftliche Strategien sollten die substanziellen Bedürfnisse der Europäer absichern. Vorrang hat, was die Lebensnotwendigkeiten der Völker in Europa zufriedenstellt. Die Interessen gehören gebündelt. Der Wettstreit der Politik ist auf Wohlstand, Wohlergehen und Sicherheit auszurichten.

- Das Coaching bekommt seine politische Relevanz. Seine Professionalität sollte ausgeweitet werden. Wie sollte es sonst den Akteuren helfen in Situationen, in denen sie unter Druck stehen. Für den Erfolg ist ein laufendes Update der Eignungen unabdingbar. Lebenslanges Lernen gehört zum politischen Machtspiel. Konkurrierende Teams lösen die gefährlichen Sachlagen. Der Regelkreis moderner Politik schließt sich im Austausch mit der Öffentlichkeit.

- Warum ist die Evaluierung durch unabhängige Dritte so wertvoll? Ratings sind nicht nur ein Mess-, sondern auch ein Kommunikations-Instrument. Fairness und Glaubwürdigkeit sind leichter zu vermitteln, wenn die Gemeinschaft intensiv kommuniziert, Standpunkte lassen sich effektiver vertreten, der Verbund wird besser. Das objektivierte Hinterfragen der Vorgehensweisen nützt der Problemlösung. Seriöse Bewertungen führen zu neuen Erkenntnissen. Transparenz ist wichtig, um ein Bild von den Tatsachen und den Hintergründen zu haben. Das Rating legitimiert, was politisch gestaltet wird. Wirkungsanalysen sind notwendig, um nicht auf Eifersüchteleien oder Bevorteilungen

hereinzufallen. Auf die gewissenhafte Bewertung
folgt die Antwort des Publikums in der
Wahlentscheidung. Evaluierung hat den Zweck,
gleichzeitig zu kontrollieren und anzuregen. Erst
die Akzeptanz von Realität und den aus ihr
gefolgerten Maßnahmen motiviert zu neuen
Initiativen.

- Die Bereitschaft, Entscheidungen und Handlungen
anzunehmen, hängt vom Führungsstil der
Verantwortlichen ab. Flexibilität ist allemal
erfolgsversprechender als bedingungslose
Kompromisse. Fair, flexibel und sicher durch das
Wirrwarr der internationalen Beziehungen zu
steuern, wird bei der Wählerschaft gut

ankommen. Verbinden sich gekonnte Planung und reaktive Flexibilität, ist schon viel für eine erfolgreiche politische Zukunft vorhanden. Selbst politisch Andersdenkende werden in die Lage versetzt, mit der Argumentation objektiver Bewertungen Schritt zu halten. Immer wird zu klären sein, welche Maßnahme, wem nützt.

- Was wollen die EU-Bürger? Worauf warten sie? Was kann man ihnen überhaupt anbieten? Welche Themen bewegen sie? Steigt das Interesse für diesen Kontinent? Wenn sich die Menschen in Europa für Europäer halten, dann werden sie auch Europäer sein. So einfach entsteht das gemeinsame Bewusstsein. Was bedeutet

Transparenz im europäischen Kontext? Was wird mit ihr erreicht? Sie beleuchtet einen gemeinsamen Verhaltenscodex. Mit der Durchlässigkeit von Informationen und Abläufen verhindert er den Machtmissbrauch. Werden Handlungen und Leistungen in Bewertungen offengelegt, sieht man die Situationen klarer.

- Es wäre nicht verkehrt, in Wahlzeiten intensiver die positiven Resultate bei der Bevölkerung zu propagieren. Errungenschaften wie die Freizügigkeit, die Grenzfreiheit, die Reisefreiheit, die Erasmus-Studienprogramme, der Wegfall der Roaming-Gebühren, der Verbraucherschutz, die Jobfreiheit, der Landschaftsschutz, die

Verkehrssicherheit, die Umtauschrechte im Internet und die Spielregeln für Google und Facebook sind nichts Selbstverständliches. Immerhin ist in Kernländern Europas in den letzten Jahren die allgemeine und die Jugend-Arbeitslosigkeit gesunken und die Wirtschaftsleistung gestiegen. 24 Quartale lang gab es dort ununterbrochenes Wirtschaftswachstum. 72 Millionen neue Arbeitsplätze wurden geschaffen. Das muss ausgeweitet werden und in die letzten Enden des Kontinents expandieren. Dazu sind Gelder in zeitgemäße Strukturen und in neue Branchen einzusetzen. Die Union hat sehr wohl etwas mit unserem Alltag zu tun.

- Fraglos gibt es Divergenzen im europäischen Raum, die manchmal massiv zutage treten. Berühren sie die Rechtsgrundlagen, die Gewaltenteilung, die Finanzen oder eine korrupte Art der Regierungsführung, ist sofort Klarheit einzufordern. Die entstandenen offenen Fragen müssen möglichst rasch und resolut angegangen werden. Transparenz schafft Vertrauen und erleichtert das Managen der politischen Bereiche. Die Perspektiven werden griffiger. Nicht allein die Finanzierung, auch die Entscheidungen und Handlungen im gesamten Führungs-Netzwerk verlangen nach Offenheit. In den Subsystemen entstehen die Irritationen oft dort, wo es um Gerechtigkeit geht. Wenn Subventionen und

Sozialversicherungen in gewisser Weise von kriminellen Gangs ausgenutzt werden, schürt dies natürlich die Wut der Öffentlichkeit. Eine ganze Bandbreite an Vorurteilen kommt auf und wird angeheizt. Transparenz wird schließlich den Sicherungssystemen gut tun.

- Was machen die Bürger mit ihrem politischen Wissen? Woher beziehen sie es überhaupt? Was hat das mit uns zu tun? Plötzlich finden wir uns vor unserer höchst eigenen politischen Verantwortung. Wir können den Kreislauf der Entscheidungen mitbestimmen. Also, was interessiert uns Europa? Wenn es das äußere Europa der Union gibt, dann gibt es auch das innere. Wie fühlt es sich an: nie wieder Krieg, Wohlstand, Freiheit, nicht nur Reisefreiheit, auch Entwicklungsfreiheit?

- Nur auf juristische oder moralische Kategorien sich zu verlassen, wird nicht genügen. Kühles Analysieren und Bearbeiten der Alternativen wird zum Ziel führen. Dann werden auch Funktionsstörungen im gegenseitigen Austausch vermieden. Die Methoden, wie man den Blick auf die eigentlichen Aufgaben schärft, sind gegeben. Oft genügt es, die Dinge analytisch und zusätzlich aus dem Blickwinkel des Anderen zu sehen. Man erkennt, was unter dem Putz der veröffentlichten Meinung so passiert. Und dann kommt die

Erkenntnis, dass die allzu schnellen voreiligen Schlüsse in den Irrtum hineinführen. Also herbei mit dem Instrumentarium der Messung und der Wirkungsanalyse.

- Der direkte Erfahrungsaustausch berücksichtigt die Interessen auf allen Seiten. Ein Rating darüber, in welcher Weise sich Mitgliedsstaaten beteiligen, ist immer nützlich. Es wäre für alle Betroffenen aufschlussreich, über die Willigkeit zur ökomischen und politischen Leistung innerhalb der einzelnen Units Bescheid zu wissen. Nicht Notengebungen sind verlangt, sondern Informationen. Alle sollen sich orientieren können, wo, an welcher Stelle, inwiefern politisch agiert wird. Dann weiß man auch besser Bescheid, wie und wo unterstützt werden kann oder soll.

- Makrostrukturen mit Mehrebenen-Organisationen funktionieren optimal, wenn sie von Ratings unterstützt sind. Der Stellenwert der jeweiligen Kooperation ist schnell und einfach einzusehen. Jede Kooperation hat ihren eigenen Stellenwert im Gesamtgefüge. Sollte sich aufgrund von nationalen Unstimmigkeiten ein ganz anderer Mechanismus der Europäischen Union aufdrängen, wären neue Szenarien zu überdenken. Im Extremfall böte sich für unterschiedliche Regionen eine Europa-Politik der unterschiedlichen Geschwindigkeiten an. Auch dabei wären Informationen aus Ratings eine wertvolle Hilfestellung zur weiteren Vorgangsweise.

* Eine viel diskutierte Frage betrifft die Abstimmungsgerechtigkeit zwischen den großen und den kleinen Staaten. Und schon wieder spukt nationale Eifersucht umher. Logisch zu Ende gedacht ist es nur ein Schein-Dilemma. Dem ewigen Streit könnte man begegnen, wenn die großen Regionen ins Spiel kämen. Dann würde sich die Abstimmungs-Rationalität von den Nationalitäten lösen. Die Regionen und deren Kommunen wären zum politischen Agieren

legitimiert. Jede Stimme jeder Region wäre gleich viel wert und keine Einzelinteressen von Staaten oder Einmischungen von außen könnten dazwischenfunken.

- Die Ausgangslagen in den Regionen und Kommunen sind zwar verschieden und ihre Bedürfnisse geteilt. Trotzdem sind alle Segmente Gegenstand einer gemeinsamen Identität. Den Groß-Regionen wird die Eigenverantwortung nicht abgenommen. Und dennoch haben die Ergebnisse des Wirkens einem gemeinsamen Vorwärtskommen zu entsprechen. Treten irgendwo Entwicklungs-Lücken auf, wird sofort auf übergeordnete Sanierungs-Maßnahmen gegriffen. Die temporär untersten Segmente werden aus der Gesamt-Matrix nicht so einfach abgestoßen, wie es in der Wirtschaft bei offensichtlicher Erfolglosigkeit der Fall ist. Betroffene Länder müssen immer die Chance bekommen, in das nächsthöhere Segment zu wechseln. Das dient dem allgemeinen Wohl aller Matrix-Einheiten.

15. ETHIK IN DER EUROPÄISCHEN POLITIK

Gewaltbereitschaft gibt es leider auch in Europa. Wenn beispielsweise rechtsextreme Regierungsvertreter in Italien zu Krawallen im benachbarten Frankreich aufrufen, schmeckt das überhaupt nicht nach Einlenkung und Beruhigung der europäischen Gesamtsituation. Als selbsternannte Gutgeister machen sie alles schlecht und vernichten viel. Deswegen wäre es gut, wenn sich die intelligenten Visionen der Politik durchsetzten, damit sich die Völker miteinander weiterentwickeln. Es bedarf der

Anreize, um die europäische Gemeinschaft auf allen Sektoren des öffentlichen Geschehens nicht durch Obstruktion, sondern durch Problembewältigung zu leben.

Verführung in der Politik ist eine besonders kriminelle Vorgangsweise. Populismus ist der sichtbare Weg, primitiv zu verführen. Tatsachen werden verdreht, Inhalte verfälscht, die Volksmeinung manipuliert. Auch wenn es unter Theoretikern langsam schick wird, Populismus aus dem Vokabular zu streichen, ist nicht zu verleugnen, dass er eine Kraft in sich birgt, Feindbilder zu schaffen und Ängste zu schüren. Sein Wahn geht davon aus, dass er all diejenigen angreift, die etwas gelernt haben und etwas können. Ethik in der Politik lässt sich mit menschengerechter Verantwortung erklären. Leidet sie an Glaubwürdigkeit, ist dies einem eigenartigen narzisstischen Verhalten zuzuschreiben. Die Gewissenseinsicht weicht dann den angeblichen Zwängen der Realpolitik. Die Menschenrechte sind nun einmal der Grundstock ethischen Verhaltens. Der Pflichtenkatalog von Ethik geht aber weit über die rechtlichen Normen hinaus. Er dreht sich um das konkrete politische Agieren mit einem unbedingt verantwortlichen Commitment zu gemachten Vereinbarungen.

Die europäische Ethik läuft parallel zu ihrer

historisch erworbenen Identität. Und die ist nicht so unwichtig. Jede/r Einzelne hat die Verantwortung auf der richtigen Seite der Geschichte zu stehen. Zur Wahl stehen die nationale Engstirnigkeit, das Aufwirbeln von linken Reminiszenzen und das Bekenntnis zu einer freien Gesellschaftsordnung. Ethik hat keine Beratungsfunktion, eher den Auftrag zum Handeln. Sie hat etwas zu tun mit dem Aufbau einer offenen Gesellschaft. Es wäre Zeit, dass sich die gesamteuropäische Zivilgesellschaft der grundlegenden Dinge annimmt und sich nicht mehr den nationalen Irrungen aussetzt. Sie muss nachdrücklich die Beziehung zu den Entscheidungsträgern in Europa aufrechterhalten.

Mal Freund, mal Feind zwischen den Regionen, das ist kein europäisches Prinzip.

Der als ‚Kutscher Europas‘ bekannte Staatsmann Metternich sagte einmal: "Um zu erkennen, ob man geknechtet ist, muss man vor allem wissen, was Freiheit ist." „Kraft und Regel sind untrennbare Begriffe; die Kraft will ein jeder, die Regel begreifen nur wenige". Das hat heutzutage seine besondere Geltung, wenn es um Reformen geht. Harte aber faire Pläne zur Arbeitslosenversicherung, neue Formate im öffentlichen Dienst oder bei den Pensionen, werden angesichts der Massenpsychosen nicht so schnell akzeptiert.

Mangelhafte Solidarität hat viel mit Feigheit zu tun. Feiglinge schrecken bekanntermaßen vor Hindernissen zurück. Es fehlt ihnen an Entschlusskraft, die mit Bequemlichkeit einhergeht, jener Grundhaltung, nichts Mühsames tun zu wollen. Im Zwangsgehäuse der nationalen Angst festgesetzt, vermasseln sie die Beschlüsse, die für das Gemeinwohl gedacht sind. Mit dem Ausschluss der Vernunft wird gleichzeitig die Freiheit aus den Denkmustern geworfen. In diesem Zustand der soziologisch begründeten Unmündigkeit greifen Populisten auf die Instrumentarien der demagogischen Beeinflussung. Sie fühlen sich wohl in der Gesellschaft der Brüller und Prügler. Der

Extremismus schwächt nicht nur das gesellschaftliche System, er lähmt die Dynamik der Wirtschaft und damit die Lebensgrundlage der Völker.

Verführung der Öffentlichkeit, nur um am Ruder zu bleiben, ist äußerst unproduktiv und wirkt in geschichtlicher Dimension bestenfalls ephemer. Verantwortung in der Politik fordert dazu auf, auch Kritik auf sich zu nehmen, um etwas zu bewegen. Oft sind es die unpopulären Maßnahmen, die ein Projekt gelingen lassen. Der Hass, der dann in den Extremismen angefacht wird, ist inakzeptabel. Die Zivilgesellschaft sollte aktiv gegen solch eine Radikalität wehren.

Politische Ethik beschränkt sich nicht auf die Bekundungen von Solidarität. Solidarität muss mit ökonomischer Vernunft korrelieren. Privilegien sind per se noch kein Machtmissbrauch. Erst wenn sie in Auswüchsen entarten oder von den falschen Personen usurpiert werden, sind sie anzuprangern. Nicht gerade überraschend taucht die Frage auf, welche Staaten immer ärmer werden oder gar schon pleite sind. Und plötzlich flutet Aggression in die Gedanken herein. Die danach rufen, werden vielleicht die ersten sein, die sich über die Folgen ihrer Bereitschaft zur Gewalt wundern werden. Wie wäre es, das gemeinsame Europa so zu sehen, wie es sein könnte? Aus dieser Sicht tragen die Bürger/innen die eigentliche Verantwortung. Verlieren wir nicht

den kollektiven Sinn, die Dinge richtig

aufzufassen.

16. EUROPÄISCHE ALTERNATIVEN

Früh genug positionieren sich die Kandidaten zu den Europawahlen in ihren Startlöchern.

Formieren sich auch die Wähler? Oder gleiten sie in unbekümmerter Ahnungslosigkeit in eine Entscheidungs-Maschinerie einfach so hinein? Was bietet das Tableau der Angebote, was regelt die Nachfrage? Sind es lediglich Stoßtrupps für die europäische Idee oder gibt es konkrete Bewegungen für das Wohl Europas? Ist die Phalanx der Renegaten womöglich besser organisiert als die nur halbherzig überzeugten klassischen Groß-Parteien oder die modernen

Bewegungen? Es muss nur darauf geachtet werden, dass auch die Umstürzler auf das Organisationsschema von Bewegungen setzen. So wird moderne Demokratie der Macht der Anti-Intelligenz ausgesetzt.

Das Streben nach Glück, Freiheit und Frieden haben sich ja viele auf ihre Fahnen geschrieben. Doch schon bei Sicherheit und Wohlstand gehen die Meinungen nicht nur auseinander, sie klingen teilweise sehr un-europäisch. Die sozialistische SPE-Fraktion und die konservative EVP haben die Gunst der Mehrheiten nicht mehr auf ihrer Seite. Möglicherweise ist es auch darauf zurück-zuführen, dass es ihnen im bürokratischen

Procedere vorwiegend um die Erhaltung von Machtpositionen geht. Am liebsten würden sie wie eh und je im Proporz um die Verteilung der Posten schachern. Es gibt in ihren Reihen auch nicht viele Visionäre, die sich zu Wort melden. Politische Visionen lassen sich nicht so einfach aus dem Ärmeln schütteln. Sie brauchen zwei wesentliche Ingredienzien: internationale Qualifikation und Charisma. Ersteres lässt sich nicht kaufen, das Zweite könnte zahlreiche Follower anziehen.

Den größten Fehler machen Wähler, wenn sie ihre Stimmen zugunsten emotionaler Präferenzen abgeben. Tun sie dies aus langjähriger

Anhänglichkeit, in Proteststimmung oder gar in fatalistischer Gleichgültigkeit? Ein solches Verhalten ist kontraproduktiv zur Weiterentwicklung des Kontinents. So dramatisch es klingen mag, aber irgendwie steht die europäische Zukunft auf dem Spiel. Wer nicht weiß, wofür sie/er warum stimmt, öffnet sich dem Populismus.

Es ist nicht bloß ein Wettrennen zwischen verschiedenen Ansichten. Die Wähler dokumentieren in ihren Wahlentscheiden, für welche konkreten Kräfte in Europa sie einstehen. Die kontroversen Formationen ziehen gehörig an unterschiedlichen Strängen. Es drängt sich der

Vergleich mit dem Hausbau auf: welche Fundamente sind sicher, was programmiert den wirtschaftlichen, politischen, gesellschaftlichen Einsturz? Die Europäer haben die Chance, symbiotisch zu arbeiten, funktional zusammenzuleben.

Wenn eine Patt-Stellung im europäischen Parlament angesichts der schwächelnden Großparteien und dem gleichzeitigen Erstarken der populistischen Parteien droht, sollte dies viele beunruhigen. Dieser Zustand bereitet zunächst denen in der Gesellschaft viel Kummer, die sich in ihren Berufen für eine prosperierende Zukunft abrackern. Ist einmal das interaktive System

Europas geschwächt, würde die arbeitstätige Gesellschaft keinen Rückhalt mehr haben. Zum anderen verunsichert es diejenigen, die sich an Stabilität und Sicherheit so gerne klammern.

Wie schwach das Herz für Europa noch schlägt, ist daran ersichtlich, wie dünn die Unterstützung der europäischen Protagonisten untereinander ist. Die Führungsfiguren erreichen keinen starken gemeinsamen Nenner, weil sie immer noch zu sehr in ihren nationalen Interessen verhaftet sind. Der/die Eine will, der/die Andere will nicht, wohin soll das führen? Es droht wieder einmal die Gefahr, die gemeinnützige Vernunft zu verdrängen. Wenn die deutsche Langzeitkanzlerin mit ihrem internationalen Akzeptanzgrad davon

spricht, dass „eine Entwicklung drohe, die ins

Elend führen würde", mag sie Recht haben. Aber

wo blieben in der Vergangenheit die

Anstrengungen zur Innovation auf den oben

beschriebenen Achsen Europas? Heute drängen

sich wieder die primitiven Gelüste in den

Vordergrund, welche Nation die besseren

Vorschläge einbringe. Der geistige Reifeprozess

hat bei den Parteien noch nicht stattgefunden.

Die mangelnde Kompromissbereitschaft

gegenüber den Plänen des französischen

Staatspräsidenten Macron erinnert an die

Ideenlosigkeit in den Beziehungen zu den

östlichen Mitgliedern der Union. Sie war mit

schuld an der Verschlimmerung des Verhältnisses Polens zur Europäischen Union.

Die nationale Engstirnigkeit wurde seit Beginn des 20. Jahrhunderts nie so richtig bekämpft. Stets standen die kleinlichen Effekte nationalen Denkens im Vordergrund. Der Rückzug in den Nationalstaat wird die großen Probleme nicht lösen. Die wachsende Uneinigkeit zwischen dem Wandel zum Neuen und der Verkarstung des Traditionellen wurde eher noch geschürt. Mit dem Schwung neuer Bewegungen ließe sich das sehr rasch ändern. Gerade in turbulenten Zeiten bleibt der Ausgang von Abstimmungen lange unklar, aber nie frei vom Einlenken der Wählerschaft. Der

Defibrillator liegt in den Händen des Wahlvolkes.

Die „Brexit-Wahlen" waren ein unrühmliches Beispiel für die Unaufmerksamkeit des Wähler-Spektrums. Wer lässt sich schon gern ins Bockshorn jagen? Aber es passiert eben. Die Turbulenzen danach sind unvermeidlich. Man vernehme die Nachteile der direkten Demokratie: es wird etwas in die Zukunft verändert, was die Massen vorerst noch gar nicht verstanden haben. Umso leichter lassen sie sich manipulieren. Die Konsequenzen sind dementsprechend hart und kontraproduktiv.

Im Kontext der Brexit-Wahl kommt in den

Nachwehen der Verhandlungen der Vorwurf auf, dass es an Konzessionen fehle. Wozu Zugeständnisse? Doch nicht, um die oft nicht präsente Einigkeit unter den 27 Nationen Europas aufzuweichen. Förderlich für die europäische Zukunft zeigt sich der einheitliche Modus Europas in der Vorgangsweise des ‚Danach‘. Im ‚Davor‘ hat die mangelnde Entschlossenheit bei antieuropäischem Verhalten und beim Herumschachern mit Sonderrechten die Katastrophe angefeuert. Warum traut man es den Völkern, die europäisch sein wollen, nicht zu, es zu bleiben?

Natürlich bedient sich heute die Fake-Propaganda gegen das gemeinsame Europa der sozialen Netzwerke. Twitter, Facebook, Instagramm sind dazu geeignet, zur Polarisierung in der Gesellschaft zu treiben. Sie sind absolut in der Lage, Stimmung zu vergiften. Durch Fake-News verlieren wir viel. Inwieweit bestimmen die mehrfach ausprobierten Facebook-Versionen die Richtung des Gruppenzwanges? Anonyme Mächte werden thematisiert. Dabei handelt es sich immer noch um Unternehmen oder Wissensinstitutionen mit Namen. Menschen werden schlecht geredet, enteignet, ihrer Grundrechte beraubt. Was ist wohl der Zweck, der dahinter steckt? Wer bedenkt da schon, welche Folgen die Sabotage-

Aktionen der Neo-Populisten im Europäischen Parlament haben. Wie stark ist die Desinformation in der heutigen Politik? Der Outcome hängt von der Kraft der Kommunikation ab. Die technischen Methoden haben sich ja geändert. Die Gefahr der Verunsicherung und Verführung ist gleichzeitig gestiegen. Plötzlich macht sich ein Phantom breit: wie gestaltet sich die Welt am besten zu einer höchst unsicheren? Einige wenige Autokraten sind dafür verantwortlich. Sie verführen nicht nur ihre eigenen Völker, sondern auch die vernetzte Welt.

Kompetente europäische Politiker müssten nützliche Programme aufzeigen können. Sie vertreten sie dann glaubwürdig, wenn sie gut ausgebildet und motiviert sind. Es geht schließlich um unser aller Zukunft. In den nationalen Dunstkreisen der Politik werden wir die Besten nicht finden. Dort rennen diejenigen zu Hauf herum, die ob ihrer Rückständigkeit wenig bewegen. Wie schlechte Autofahrer, sind sie unzuverlässige Lenker. Das kann ins Auge gehen. Umso schlimmer ist es, wenn dann noch ausgediente Bürokraten in die europäischen Zentren gesandt werden. Politisches Management braucht Profis, niemanden, der im alten Parteienkorsett herumstrampelt.

Die alten sozialistischen Parteien erlahmen im Zeitalter der Postmoderne. Sie sind überholt. Die

Vorstellungen früherer Gewerkschaftsführer

haben sich im sozialistischen Bogen aufgelöst.

Doch auch das urbane Bürgertum fühlt sich in

seiner klassischen Bürgerpartei nicht mehr zu

Hause. Unbestritten hat die Zustimmung der

überkommenen Parteien beim Publikum

abgenommen. Der Frust ist schon auch mit der

Karrieresucht unqualifizierter Akteure verbunden.

Die global operierende junge Generation findet

sich nirgendwo repräsentiert. Im Brexit-Votum

wurde sie gewaltig enttäuscht. Die Verdrossenheit

über die mangelnde Nachbesserung ist evident.

Noch schlimmer für die jungen Generationen

wären die Folgen eines Wahlkollapses bei

Europawahlen.

Eine Wählerschaft, die ihre Zugehörigkeit zu Europa kräftig artikuliert, könnte viel bewirken. Warum sind in bestimmten Kreisen tragfähige Programme verpönt? Die Angst vor einem europäischen Superstaat wird ausschließlich im Dunstkreis eines aufgewiegelten Unwissens geschürt. Ein europäischer Super-Staat wäre der Widerspruch in sich. Europa ist weder eine Super-Nation, noch eine reine kommerzielle Gemeinschaft, noch ein monolithischer Kulturblock (*„Management der Politik – Europa"*, *2018).*

Verkannt wird, dass Europa eine Schicksals-

gemeinschaft ist. Sie fordert zunächst einmal zu

einer flächendeckenden Positionierung

europäischer Gedanken und Strategien heraus.

Völkerrechtliche Verpflichtungen und ein

Maximum an Sicherheit und absolute

Wettbewerbsfähigkeit sind die grundlegenden

Maximen. Der Streit geht darum, wer die

besseren Alternativen konzipiert. Das

gemeinsame Europa beantwortet, wo die

politische Effizienz für die Bevölkerung am besten

angesiedelt ist. Wo Unabhängigkeit von Zwängen

und Mächten angeboten wird, ist Nachhaltigkeit

die wichtigste aller Optionen.

Liberalität propagiert die strukturierte Zusammenarbeit auf den Kerngebieten des politischen Tätigwerdens. Darin ist die Beschleunigung des wirtschaftlichen Aufschwungs bis in die letzten Enden des Kontinents mit einbezogen. Der Liberalismus muss mehr Aufdeckungsarbeit leisten, sich auf die großen Katastrophen einstellen. Liberalismus ohne Eliten greift nicht. Die Fähigkeit muss erarbeitet werden, mit den Risiken angemessen umzugehen. Eine Voraussetzung des Erfolges liegt in der Transparenz der Verfahren. Politische Entscheidungen sind auf die nachhaltigen Wertschöpfungen ausgerichtet. Europa sollte zu diesem tiefen Wandel bereit sein, anstatt mit dem

Tempo einer Schnecke dahin zu kriechen. Das europäische Lebensgefühl kann nur ein gemeinsames sein. Die europäische Funktion muss sichtbar, fühlbar und handlungsfähig werden.

Was ist zu erwarten? Sobald politische Masterpläne die Symptome des Wandels herausgefiltert und auch bearbeitet haben, sollte die Unterstützung seitens des Publikums nicht ausbleiben. Problembewältigung, aus der möglichst viele einen Nutzen ziehen, geht nicht ins Leere. Zwar werden die Spielräume und ihre Größenordnungen ständig wechseln. Aber es stärkt die gemeinsame Identität, wenn in den

Institutionen mit Disziplin und Kreativität der optimale Output herausgearbeitet wird. Von dem will die Öffentlichkeit mehr erfahren. Sie will wissen, wer verantwortlich ist, wer entschieden hat und warum so entschieden wurde.

Die einzusetzenden Methoden sind vielfältig und konkret, während die Heldentaten der Nationalisten sich darauf beschränken, absurd zu opponieren. Ihnen wird die Souveränität des gemeinsamen Europas immer ein unbegreifliches Etwas bleiben. Liegen die Themen zur Wahlentscheidung einmal auf dem Tisch, werden sich die Antworten präzisieren. Die Alternativen zur Abschottung sind entschlüsselt. Die

Wählerschaft wird dem Postulat von Angebot und Nachfrage entsprechend auftreten. Ausgehend von den Regeln der Wirkung und Gegenwirkung von Vorteilen, ist damit auch die Bedeutung der Verluste bei uneinigem Vorgehen geklärt. Die Entscheidungsfreiheit der Europäer droht eingeengt zu werden, etwa durch externe Einflussnahmen Chinas auf die Wirtschaft Italiens oder Griechenlands oder durch ein gefährliches Ränkespiel Russlands. Es sind Grundsatzfragen, die man nicht so auf die leichte Schulter nimmt.

Die Sichtverbindung mit den zur Verfügung stehenden Optionen darf nirgendwo auf dem Kontinent abreißen. Wenn unleidige

Konkurrenzfelder sich auftun, sollten die Projekte rasch auf die Wirtschaftsebene verlagert werden. Davon ist die soziale Verantwortung nicht ausgenommen. Flexibilität als Antwort auf Situationsänderungen hat Priorität. Die Europäische Kommission sollte Management-Freiheit genießen und zwischen den Handlungsalternativen entscheiden dürfen. Ein neues Unwort drängt sich in das Vokabular der Politik: „das geerdete Europa". In Wirklichkeit bedeutet es nichts anderes als die erdnahe Verflachung und Ausbreitung der Ideenlosigkeit. Es nimmt die Motivation zur politischen Leistung und ist wohl kaum etwas Erstrebenswertes.

17. NEGATIVE EFFEKTE

Wird sich das europäische Publikum von chauvinistischen Phantastereien verführen lassen? Der Zerfall des Ganzen in seine Teile hat in der Geschichte nie Glück gebracht. Der Spaltpilz der Uneinigkeit erzeugte Unfrieden, in welcher Form auch immer. Schon wieder bemühen sich Nationalstaaten, die erste Geige zu spielen. Eine derartige im Innenverhältnis Europas grassierende Rivalität wird zum Verhängnis einer Gemeinschaft.

Hass, Hetze und Gewalt entstehen vornehmlich aus borniertem Nationalismus. Die Zahl der radikalen Tabubrüche in den Parlamenten wird immer alarmierender. Wenn Wut den Massen eingeimpft wird, ist das Chaos nicht aufzuhalten. Bei aller Empörung, darf die Gelassenheit der Vernunft nicht aufgegeben werden. Die Strukturen der europäischen Gemeinschaft müssten den Umbruch zum Positiven eigentlich schaffen. Wer den Blick auf das „Was geschieht, wenn" lenkt, erhält die Antworten zu den strategischen Lagen. Es wird zwischen der Liberalität geordneter Angebote und der Wirrnis von Extremismen entschieden. Polarisierung hilft nicht weiter. Sie ist das einzige Instrument, das

Extremisten zu spielen verstehen. „Spalten"
wurde oft schon in der Geschichte als geschickte
Taktik praktiziert. Selbst der ‚Islamische Staat'
hatte damit bedrohliche Erfolge. Die glühenden
Fans des Nationalismus merken nicht, wie viel
Unheil sie anstellen können. Kein Derivat von
Extremismus darf als Auffrischungskur gelten.
Aus der Demokratie ist er dennoch schwer
auszurotten. Gefährlich wird es dann, wenn er vor
dem Dazwischen nicht haltmacht. Sobald er in die
Mitte einfließt strömt, ist besondere Vorsicht
geboten. Es wäre töricht zu glauben, Populismus
und Irrationalität wären nur rechtsbündig, sie
strahlen am linken Gegenpol genauso kräftig aus.
Die aufdringlichen Aufmärsche der rechten Szene

werden durch die heimliche Revolution der linken Alternativen ergänzt. Ob nun Che-Gueverra-Guerilleros oder Verfechter des ehemaligen kommunistischen Regimes ins Europäische Parlament infiltrieren, es läuft auf das Gleiche hinaus: die europäische Gesellschaft ist vor umstürzlerischen Manipulationen nicht gefeit. Zunächst wird versucht, sich in das parlamentarische System einzuschleichen, dann wird aufgedreht, um es zu zerschlagen. Nichts anderes passiert in diversen Nationalstaaten.

Populismus ist eng verwoben mit ideologischem Extremismus. Ausgehend von Unwissen streut er das Desinteresse an den hintergründigen

Tatsachen. Immer wird die Schuld dem anderen zugewiesen, dem Fremden, dem Unbekannten oder gar den sogenannten Eliten. Durchaus sind Parallelen zur Geschichte zu orten. Es beginnt bei direkter oder indirekter Korruption, da gibt es keinen Unterschied zwischen links und rechts. Nur geographisch differenziert sich das populistische Gedankengut der Umstürzler. Im Norden Europas erinnert es historisch an die Ansprüche der Nationalsozialisten, im Süden an die kommunistische Vergewaltigung. Die Macht wurde den Massen versprochen, die in letzter Konsequenz ausgebeutet bis vernichtet worden sind.

Sobald gravierende Probleme latent werden, die das Volksvertrauen unterminieren, ist Populismus schnell zur Stelle. An den Ursachen der ungelösten Probleme ändert er nichts. Er möchte anziehend wirken und verbreitet stattdessen Angst. Er greift die Lebensoffenheit der Globalität an. Es ist zu hoffen, dass selbst zwischenzeitlich sich das extremistische Gedankengut nicht durchzusetzt. Auf lange Sicht wird er zerbrechen, denn die Globalisierung ist nicht zu umschiffen, sie ist irreversibel. Der Glaube an die Regeln der Globalität darf nicht erodieren. Sonst könnten globale Katastrophen das evolutionär Bestehende überhaupt auslöschen.

Wir sind besser dran, wenn wir uns an die fachliche Lösung von Problemen halten. Nicht die erarbeitete Qualität zerstört die Grundfesten der Sicherheit, es sind die unverbesserlichen Agitatoren der Primitivität, die sie angreifen. Das sollte in den Wahlkabinen stets bedacht werden. Was macht man gegen den krankhaften Populismus, der alles niedertrampelt? Ihn zu ignorieren wird nicht ausreichen. Wie kann man die einfachen Gemüter, die sich leicht verführen lassen, mit ernsten Versprechungen überzeugen? Die Europäische Union muss sich auf die heimliche Mehrheit kultivierter europäischer Regierungen verlassen können. Also heißt es möglichst rasch, effizient und publikumswirksam moderne Lösungsmodelle anzugehen. Einigung statt Spaltung führt zur Problembewältigung.

18. POSITIVE ERWARTUNGEN

Die europäische Funktion muss sichtbar, fühlbar und handlungsfähig sein. Sie schafft auf allen Ebenen neue auffrischende Kohärenzen. Wenn Interessen nicht auseinander getrieben, sondern kombiniert werden, führen sie zu überzeugenden Lösungen. Vielleicht wird die parlamentarische Landschaft Europas bunter. Die neuen Generationen könnten sich mit einer Ethik globaler Verantwortung sehr gut einbringen. Im europäischen Liberalismus findet sich ein Mittel gegen die destruktiven Kräfte des Nationalismus. Dem Fan-Club der Liberalität könnte man sich anschließen, solange er verspricht, keine Partei zu werden. Die Vorstellung einer liberalen Bewegung ist nicht unsympathisch. Liberalismus hat keinen endgültigen Zyklus.

Es ist schon im Ansatz ‚uneuropäisch‘, wenn Wähler nur für die eigenen nationalen Politikern stimmen dürfen. Man könnte sich politisch freier bewegen, wenn für Führungskräfte querbeet aus dem europäischen Feld geworben wird. Denen, die Kompetenz und Initiative verkörpern, sollte die Stimme gegeben werden, egal wo sie ihren Wohnsitz in Europa haben. Wann wird der Sprung geschafft, frei zu entscheiden? Die europäische Bürgerschaft ist angesprochen. Blickt sie durch?

Es geht um das Parlament der europäischen Bürger. Die Europäische Union hat ein Legitimationsrecht auf parlamentarische Arbeit. Wer weiß schon etwas darüber? Wen interessiert das schon? Desinteresse ist ein verheerendes Signal, wie Gesellschaft von Dummheit unterwandert ist. Ein Volk, das nichts von den Hintergründen seines politischen Umfeldes weiß, ist einfach dumm. Der Nonsens ist zu einem Schrecken von ähnlicher Attraktion geworden wie der Terrorismus. Reality Shows zeigen kaum die richtige Wirklichkeit. Sie beabsichtigen eher, Leute in ihrer Ahnungslosigkeit zu belassen. Ein Abschwung in eine grassierende Ignoranz würde den Verlust von Leistung auf vielen Gebieten zur

Folge haben.

Was heißt ein klares Bekenntnis zu Europa? Wer will denn Europa kaputt machen? Die Tendenzen wurden beschrieben. Die Gemeinschaft Europas für Wohlstand und Freude bleibt alternativlos. Der Gedanke zur Einheit ist hochzuhalten, bei allem Ärger unter den Schwingen. Absichtserklärungen sind nicht überflüssig, sie unterstreichen, dass es noch eine Chance gibt. Die kulturellen Errungenschaften, die Lebensstile von Bevölkerungen, der nachhaltigkeitsbedingte Strukturwandel samt allen Wirtschafts- implikationen stehen auf dem Spiel. Es bedarf der Führungsarbeit im kosmopolitischen Denken.

Das idealistische Europa wird von der wirtschaftlichen Sachlichkeit getragen. United Europe ist die Devise der Vernunft, politisch, militärisch, wirtschaftlich und sozial. Militärische Präsenz auf Lager zu haben, ist ein Erfordernis einer soliden Politik. Will Europa gefestigt dastehen, wird es alle Kompetenzen zur Mitsprache auf der Weltebene ausspielen müssen. Dazu sind Stärken in der Sicherheit, im Digitalbereich, in der Forschung, im Finanzsektor zu schaffen. Dementgegen stehen unheilvolle protektionistische Ansichten. Sollten die Totengräber des Fortschritts unerkannt bleiben?

Wie Europas Völker zu schützen sind, ist keine

rhetorische Frage mehr. Der Ruf nach dem Europa, das schützt, das Wohlstand verspricht, das eine wichtige Rolle im Weltgeschehen spielt, kann nicht laut genug erfolgen. Kann die Allianz des Vertrauens zukunftsfest gehalten werden? Es bieten sich die Kombinationen der übernationalen Beziehungen, der Sicherheits-Konzepte und der diversen Kommunikationsweisen an, um nur einige Betätigungsfelder zu nennen, die zu bestellen sind. Sie Dilettanten zu überlassen, wäre für den europäischen Spirit wenig schmeichelhaft. Machen wir uns klar, was dann in zehn, zwanzig, fünfzig Jahren die Folge sein könnte. Es gibt Grund genug, europäisch zu denken.

Georg Mag. Dr. Matuszek

Studium: Politische Wissenschaften, Empirische Wissenschaften, Systemanalyse, Internationale Beziehungen, Kommunikationswissenschaften, Philosophie, Doktorat.
Fremdsprachen, Sprachwissenschaften.
Dipl-Dolmetsch, Magister. Postuniversitär: Marketing, Werbung-PR-CI, Management-Controlling, Innovations- u. Development-Management. Lic.Consultant.

Laufbahn: Management bei Multinationalen Konzernen. Management- Contracting in Mittelständischen Unternehmen. Geschäftsführung in Consulting-Rating-Agenturen. Vorstand und Verwaltungsratspräsident mehrerer Unternehmen in Deutschland, Schweiz. Stiftungsrat der Foundation „Globility Circle".

Seminarleitung an diversen Universitäten und Business-Schulen. Buchautor.

Bibliografische Information der Deutschen Nationalbibliothek:
Die Deutsche Nationalbibliothek verzeichnet diese Publikation in der Deutschen Nationalbibliografie; detaillierte bibliografische Daten sind im Internet über http://dnb.dnb.de abrufbar.

Herstellung und Verlag: BoD – Books on Demand, Norderstedt

ISBN: 9783738625592